项目资助：国家自然科学基金青年项目"职场排斥对新
化结果的影响：一项动态模型研究"（编号：71702C
国家自然科学基金面上项目"分布式研发团队内隐协议
的影响研究"（编号：71772088）
江苏高校优势学科建设工程三期项目南京审计大学工商管理学科

经济管理学术文库·管理类

不当督导对员工反生产行为的动态机制研究

Research on the Dynamic Mechanism of
Abusive Supervision on Employees'
Counterproductive Work Behaviors

王洪青　肖久灵／著

经济管理出版社
ECONOMY & MANAGEMENT PUBLISHING HOUSE

图书在版编目（CIP）数据

不当督导对员工反生产行为的动态机制研究/王洪青，肖久灵著．—北京：经济管理出版社，2020.8

ISBN 978 - 7 - 5096 - 7389 - 8

Ⅰ.①不…　Ⅱ.①王…②肖…　Ⅲ.①企业—职工—行为分析—研究　Ⅳ.①F272.92

中国版本图书馆 CIP 数据核字（2020）第 157690 号

组稿编辑：王　洋
责任编辑：王　洋
责任印制：黄章平
责任校对：熊兰华

出版发行：经济管理出版社
　　　　　（北京市海淀区北蜂窝 8 号中雅大厦 A 座 11 层　100038）
网　　址：www. E - mp. com. cn
电　　话：（010）51915602
印　　刷：北京玺诚印务有限公司
经　　销：新华书店
开　　本：720mm×1000mm/16
印　　张：10.5
字　　数：200 千字
版　　次：2020 年 11 月第 1 版　2020 年 11 月第 1 次印刷
书　　号：ISBN 978 - 7 - 5096 - 7389 - 8
定　　价：88.00 元

前　言

　　领导一直是管理领域理论界和实务界的重要研究主题，以往研究主要聚焦于领导的建设性作用，相应的理论旨在探究如何提高领导有效性，如领导特质理论、权变理论、魅力理论、复杂理论等领导力理论。学者一直致力于积极领导行为的研究，但我们面临的现实是：越来越多的领导者有能力和动机实施破坏性领导行为。如近年来受到国内外学者广泛关注的不当督导，研究表明，美国有 10%～16% 的企业员工遭受过不当督导这一消极领导行为，企业每年因员工遭受不当督导行为而造成的经济损失约为 238 亿美元，且这一现象呈逐年上升趋势。不当督导是一种全球化组织现象，但不当督导在高权力距离国家可能更普遍。

　　不当督导对员工消极行为具有预测效果，如反生产行为、沉默行为、离职行为、欺凌行为等，其中，不当督导对反生产行为的影响效果最受学者关注。根据溢出效应理论，同一个体在不同角色中的经历影响其在其他角色中的态度和行为表现，即被不当督导员工可能向身边其他主体实施反生产行为。但综观现有文献，组织行为研究多以生产制造业组织为背景，研究不当督导对组织、人际反生产行为的影响效果；而顾客导向反生产行为研究集中在市场营销领域，主要从顾客角度解释顾客导向反生产行为的预测因素，缺乏对顾客导向反生产行为组内影响因素的关注。由于研究领域、研究背景差异，现有研究缺乏对不当督导与反生产行为的系统整合研究，在一定程度上制约了不当督导、反生产行为研究成果的实用价值。为此，本书以服务业组织为背景，系统地探究领导不当督导行为对组织导向、领导导向、同事导向、顾客导向反生产行为的作用机制。

　　以往研究主要采用个体间设计研究不当督导的作用效果，忽视了不当督导、反生产行为随时间变化的动态特性，而本书采用个体内研究设计，其隐含的假设为：员工每天的不当督导感知情况、反生产行为实施情况具有动态变化性，为个体内变量。根据挫折—攻击理论，构建不当督导对反生产行为的主效应，即每日不当督导正向影响组织导向、领导导向、顾客导向、同事导向反生产行为；根据情感事件理论，构建不当督导影响反生产行为的中介机制，即每日消极情绪在每日不当督导影响组织导向、领导导向、顾客导向、同事导向反生产行为过程中起中介作用。此外，本书从组织氛围视角探究不当督导影响员工反生产行为的边界条件，推断组织伦理氛围（规则氛围、自利氛围、关怀氛围）在消极情绪影响组织导向、领导导向、顾客导向、同事导向反生产行为动态作用过程中起跨层次调节作用。通过对服务业员工为期一周的日记追踪调研，获取有效个体间样本73份，个体内样本365份，运用多层线性模型检验不当督导对反生产行为的主效应、中介效应和调节效应。

本书结果表明，在个体内层次，不当督导对组织导向、领导导向、顾客导向、同事导向反生产行为具有显著的正效应，其中，不当督导对领导导向反生产行为的预测效果最强，其后依次为顾客导向、同事导向、组织导向。中介效应研究发现，消极情绪在不当督导影响组织导向、领导导向、顾客导向、同事导向反生产行为过程中起中介作用。调节效应研究发现，自利氛围正向调节消极情绪与同事导向反生产行为关系，负向调节消极情绪与顾客导向反生产行为关系；关怀氛围负向调节消极情绪对组织导向、领导导向、同事导向反生产行为关系。领导不当督导行为主要通过消极情绪影响员工的四种反生产行为，启示管理者在实践中，特别是管理情绪劳动者要密切关注员工的情感状态，及时化解员工消极情绪，避免员工因消极情绪而实施伤害组织及其利益相关者的行为。关于伦理氛围的调节效应结果说明，在管理实践中，管理者应加强以人为中心的柔性管理，注重对员工的情感关怀，使组织制度内化为员工自我要求。在遵守组织制度的基础上，以柔克刚，强化组织关怀氛围，弱化组织规则氛围和自利氛围，充分调动员工的积极性和主动性，促使员工逐步形成自我约束、自我管理的能力。

在本书付诸出版之际，感谢各位师长对本书提出的宝贵意见，感谢问卷收集过程中坚持完成问卷填写的每一位陌生人，感谢经济管理出版社对本书出版的大力支持和帮助。由于本人水平所限，文章内容难免存在不足之处，也可能存在偏差或谬误，所以恳请读者朋友们多多包涵并给予斧正。

王洪青

2020 年 6 月 30 日

目　录

第一章 引 言

第一节 研究背景

近年来，学者们对组织负面行为研究兴趣不断攀升（Mitchell 和 Ambrose，2007），基于研究领域和地域差异，现有研究中出现众多不同术语，诸如反生产行为（counterproductive workplace behaviors）、偏差行为（deviant behavior）、攻击行为（aggression）、报复行为（revenge）、反生产行为（sabotage）、不道德行为（unethical behavior）、怠工行为（delinquency）、暴力行为（violence）、欺凌行为（bullying）等。尽管这些术语名称不同，但在很大程度上，它们包括的具体行为相同，具有高度重叠性。在实际研究中，它们常被交替使用，本质上它们实为同类行为，都强调行为的伤害性（Spector 和 Zhou，2014）。上述众多术语中，反生产行为最受研究者们青睐，学者们通常采用反生产行为研究员工负面行为。反生产行为指员工实施伤害或意图伤害组织及其利益相关者（领导、同事和顾客）的任何行为（Fida 等，2014）。

首先，反生产行为具有普遍性，成为东西方文化情境下组织面临的最棘手问题之一（Yang 和 Diefendorff，2009）。根据美国管理协会的调查，近 25% 的公司员工因滥用互联网被开除，95% 的公司发现它们是员工盗窃和欺骗的目标（Chang 和 Smithikrai，2010）；Bennett 和 Robinson（2000）发现，33% ~ 75% 的员工从事过各种类型的反生产行为，如偷窃、欺骗、破坏财物、旷工等行为，7% 的员工报告受到过人身威胁；58% 的女性员工报告经历过潜在的骚扰行为，24% 的女性员工报告她们在工作中实际遭遇过性骚扰（Ilies 等，2003）；75% 的挪威工程员工在过去的 6 个月时间里至少经历过一次一般意义上的骚扰行为（Einarsen 和 Raknes，1997）；71% 的美国公共部门员工经历过不同形式的职场无礼行为（Cortina 等，2001）；60%的员工参与过偷窃行为，30%的员工会创造偷窃机会，30%的员工寻找到适当时机后会实施偷窃行为；48%的员工承认在质量控制过程中偷工减料、掩盖事故真相、滥用病假或说谎、欺骗客户、报销假账、支付或接受回扣等（Litzky 等，2006）；学者们估计高达75%、85%甚至96%的员工日常行为可以被描述为故意偏差行为或蓄意反生产行为（Harris，2006）；统计数据表明，反生产行为普遍存在于不同文化情境下的组织中，是当今管理者和研究者亟须解决的组织问题。

其次，反生产行为具有破坏性，工作场所中偏差行为和不良行为每年给企业造成的损失达 60 亿美元到 2000 亿美元（Rotundo 和 Xie，2008）。美国企业每年因反生产行为而导致的损失高达 500 亿美元，且 20%的企业失败与反生产行为有关（Coffin，2003）；Banks 等（2012）发现，企业每年因员工盗窃而造成的损失约达 1200 亿美元，因职场暴力而造成的损失约达 42 亿美元，因欺诈活动而导致的收入缩水超过 9000 亿美元，占企业年收入的 6%（Litzky 等，2006），这些行为总计给组织造成的年损失超过 1 万亿美元。Jensen 等（2009）发现，员工偷窃是零售业存货损耗的最大来源，给企业造成的损失高达 176 亿美元。学者们尚无法准确地估算反生产行为对企业造成的直接经济损失，但反生产行为严重有损组织利益已成为不争的事实。且这些损失不仅包括经济损失，还包括对组织及其利益相关者造成的伤害，如组织信誉、客户满意度和忠诚度、员工的身心健康和员工的心理幸福感（Aubé 等，2009）。

鉴于反生产行为的普遍性和破坏性，多年来，反生产行为一直是组织行为领域重要研究议题。20 世纪初，制造业占据主导地位，员工破坏对象主要是厂房及机器设备，研究主题主要围绕生产反生产行为，即员工对有形资产的破坏。进入 20 世纪 90 年代后，员工的破坏对象转向组织及其他人员，反生产行为研究的焦点渐渐转向人际交往层面（丁桂凤等，2009）。但学者们基于生产制造性组织研究反生产行为，忽视了对服务业反生产行为的研究（Harris，2006；Harris 和 Ogbonna，2002）。然而，基于服务行业的统计数据发现，2015 年中国企业 500 强中有制造业企业 266 家，服务业企业 151 家，中国企业 500 强虽然在数量上仍然以制造业为主体，但其盈利却更多地来自服务业企业，在 2015 年中国企业 500 强中，服务业企业仅占 30.2%，却贡献了全部中国企业 500 强净利润的 70.23%。在我国国民经济构成中，服务业所占比重逐年攀升，至 2012 年超过第二产业，达到 45.5%后，对 GDP 贡献排名第一。《经济蓝皮书》指出 2015 年我国服务业增长速度有望保持在 7.8%，服务业将成为新常态下我国经济发展的新动力。因此，本书主要以服务业为背景研究反生产行为。

关于反生产行为的划分主要存在两种方式：方式一，根据反生产行为的具体内容，将反生产行为划分为辱虐他人、生产偏差、破坏、偷窃和退缩五种形式（Spector 等，2006）；方式二，根据员工实施反生产行为的针对目标，将反生产行为分为组织反生产行为和人际反生产行为两种形式（Robinson 和 Bennett，1995）。根据多焦点视角，员工反生产行为的目标对象包括组织、领导、同事和顾客等多个主体（Skarlicki 等，2008；Hershcovis 和 Barling，2010）。以制造业为背景的研究主要聚焦于组织导向反生产行为和人际导向反生产行为，忽视了顾客导向反生产行为。在服务业竞争日益激烈的今天，服务型企业的成功很大程度上取决于员工向顾客提供的服务质量（Hui 等，2007）。但实践中，以顾客为导向的反生产行为普遍存在于组织之中（Vaibhav，2014），严重有损组织服务绩效。Harris 和 Ogbonna（2002）通过对服务行业员工为期一周的调查发现，85% 的员工承认在调查中从事过多种形式的服务反生产行为，超过 90% 的被调查者认同服务反生产行为每天都会发生，100% 的员工阐述他们见过多种服务反生产行为。Darrat 等（2010）基于零售行业的调查发现，40% 的销售人员承认在工作中存在越轨行为，糟糕的是 66% 的销售人员都意识不到越轨行为对职业发展的负面影响。服务业员工不仅与组织内部成员之间存在交际活动，更多时候他们直接面对顾客、服务顾客，他们的反生产行为不仅针对组织或者组织内部成员，也可能将组织外部利益相关者——顾客作为反生产行为的目标对象（Swimberghe 等，2014）。因此，从多焦点视角出发，服务业员工实施反生产行为的目标对象更复杂，既包括组织、领导、同事等组织内部目标，也包括顾客等组织外部目标。

通过对现有文献梳理发现，组织行为领域学者们主要基于制造业组织情境研究员工反生产行为，将反生产行为分为组织导向反生产行为和人际导向反生产行为，探究反生产行为的触发机制。而市场营销领域学者们主要聚焦于服务业员工反生产行为的研究，但他们更多地侧重于研究服务业员工反生产行为的影响效果，如反生产行为对顾客满意度、忠诚度的影响机制。基于研究领域的差异，现有研究缺乏对多焦点（组织、领导、同事、顾客）反生产行为影响因素的系统研究。然而，反生产行为的目标不管指向谁，它们均有同样的行为本质，都是组织内部员工实施的伤害组织及其内外部相关者利益的行为。因此，本书以服务业为研究背景，系统研究员工针对不同目标主体实施反生产行为的触发机制。

为有效抑制反生产行为，大量学者致力于反生产行为的影响因素研究，简单而言，基于制造业组织的研究发现，反生产行为的影响因素可分为个体因素和情境因素两大类别。其中，个体因素包括性别、年龄、情感特质、归因风格、控制点、自控能力、人际敏感性、自尊、自我形象、自我概念、马基雅维利主义、责任性、宜人性、情绪稳定性、社会化和信任等；情境因素包括工作复杂性、工作自主性、组织伦理、组织结构和政治、组织制度、惩罚可能性、薪酬体系、社会文化变革、社会支持、管理支持、领导方式、独裁式领导、不当督导、不公对待、同事行为等（Martinko 等，2002）。市场营销领域研究主要基于服务业组织探讨反生产行为的影响效果，少量文献从消费者视角探究员工反生产行为的影响因素，如消费者苛待（customer mistreatment）、感知消费者不公平、消费者抑制（customer undermining）、消费者压力等（Yoo 和 Frankwick，2013；Yi 和 Gong，2008；Wang 等，2011；Hunter 和 Penney，2014）。不容置辩，消费者行为、个体特质均是诱发员工顾客导向反生产行为的重要因素，但消费者因素是组织外部因素，对组织而言具有不可控制性，员工个体特质具有相对稳定性，组织同样无法控制或改变。因此，从组织可控因素出发，探究反生产行为的预测因素具有重要的理论意义和实践贡献。

领导是诱发或抑制员工反生产行为的重要因素（Van Gils 等，2015）。从组织公平视角而言，反生产行为是员工对不公平经历的认知反应，感知不公对待是员工实施反生产行为的核心要素（Yang 和 Diefendorff，2009；Fox 等，2001）。在诸多领导行为中，不当督导被视为典型的人际不公对待，且不当督导作为一种负面领导方式，属于组织可控的情境变量。因此，本书从领导方式视角探究不当督导对服务业员工多焦点反生产行为（组织、领导、同事、顾客）的影响机制。

组织行为领域部分研究已探讨过不当督导对反生产行为，或人际反生产行为、组织反生产行为的影响机制。基于社会交换理论的研究认为，不当督导使领导—员工之间形成消极的交换关系，即不当督导通过降低领导成员交换关系质量的中介作用影响员工反生产行为（龚洋冉和陈昊，2013；黄丽和陈维政，2014）。而公平理论认为，不当督导会降低员工对人际公平的感知水平，同时，不当督导也反映组织缺乏抑制领导不当督导行为的程度，从而降低员工对程序公平的感知水平；另外，领导控制着薪酬、晋升等重要分配资源，因此，被不当督导员工在资源分配过程中的不公平感更强。即不当督导可能通过组织公平，或是人际公平、程序公平、分配公平的中介作用影响员工反生产行为（Lian 等，2012b；Wang 等，2012）。社会交换理论和公平理论分别从不同视角揭示了不当督导影响反生产行为的作用机制，但基于这两大理论的研究都将反生产行为视为认知驱动型行为，忽视了情感在不当督导与反生产行为关系中的作用。

自 1990 年以来，情绪成为组织行为领域越来越受关注的研究主题，情绪是影响员工行为、态度的重要因素（Bauer 和 Spector，2015）。Fox 等（2001）提出了反生产行为的情绪中心模型（emotion - centered model），认为员工经历的消极情感是反生产行为的近端前因变量，而工作环境压力是反生产行为的远端前因变量。这与情感事件理论的观点相一致，情感事件理论认为行为可分为情感驱动型行为和认知驱动型行为，工作环境通过情感事件影响情绪反应，情绪反应直接影响情感驱动型行为,情绪反应通过工作态度的中介作用影响认知驱动型行为(Weiss 和 Cropanzano,1996)。现有研究中,大部分学者将反生产行为视为认知驱动型行为,忽视了情绪在诱发反生产行为过程中的作用,Lee 和 Allen(2002)发现,情绪比认知对人际反生产行为的预测能力更强,员工行为动机可分为工具性动机和表达性动机,因表达性动机而导致的反生产行为可能会针对同事、顾客或者组织等无辜主体,甚至是非工作环境个体,如攻击家庭成员。即基于情绪诱发的反生产行为其目标对象更多,影响范围更宽泛。因此,本书基于情感事件理论系统研究不当督导通过情绪中介作用影响不同对象反生产行为的作用机制。

情感经历是情感事件理论的核心,情感经历不同于情感特质,它是一种情感状态,随时间推移而大幅度变化,即情感经历具有动态性(Lam 等,2009;Brief 和 Weiss,2002)。情感事件理论认为态度和行为本质上也是动态的,但现有研究中,反生产行为通常被视为静态变量,因此,学者们主要采用静态的横截面设计研究反生产行为,探究各变量在个体间层次(between - person level)上的关系(Judge 等,2006;Matta 等,2014)。但即使反生产行为特质很高的员工也不会在每个场合都实施伤害组织、伤害他人的行为,即员工反生产行为折射出很多个体内差异。Judg 等(2006)发现,个体内因素对反生产行为变异量的解释水平超过 50%,但大部分文献未能采用合适的层次研究反生产行为,个体内研究设计相对缺乏(Yang 和 Diefendorff,2009;Lam 等,2009)。个体内设计对情绪研究非常重要,情绪通常由特定事件引起,具有随时波动性,且延续时间短暂,但在横截面研究设计中,个体内变异被视为误差变异,因此,横截面设计无法反映情绪、行为在个体内的变异水平,忽视反生产行为变异量的个体内因素将限制研究的实用价值(Matta 等,2014;Ferris 等,2012)。因此,本书基于情感事件理论,采用个体内设计研究不当督导通过情绪中介作用影响反生产行为的动态机制。

深入理解工作场所现象需要整合多个层次影响因素,不仅要考虑个体内差异,也要考虑个体间差异对个体内差异的影响效果(Scott 和 Barnes,2011)。组织领域学者认为,员工个体行为会受到整个组织核心价值体系和组织文化的强烈影响。组织氛围是从属于组织文化的构念,组织氛围比组织文化更具体且可操作性更强,因此,组织氛围更适合心理学和行为学等研究领域(刘文彬和井润田,2010)。组织氛围指员工对组织程序、实践和政策的共同认知,包括正式和非正式形式(Simha 和 Cullen,2012)。组织氛围包括创新氛围、沟通氛围、伦理氛围、支持氛围、安全氛围等多种形式,其中,伦理氛围与员工负面行为的关系最强,组织伦理氛围指员工对在组织中什么是正确行为的共同认知,根据社会规范理论,组织伦理氛围是约束员工反生产行为的重要非正式控制机制(刘文彬等,2014;Simha 和 Cullen,2012)。Chen 等(2013)通过个体间研究设计发现,组织伦理氛围调节消极情感特质对员工反生产行为的影响效果。因此，本书认为不当督导通过情绪影响反生产行为的作用效果受到组织伦理氛围的调节。

综上所述，本书主要基于情感事件理论，采用个体内研究设计，分析不当督导通过情绪中介作用影响服务业员工反生产行为（组织导向、领导导向、同事导向、顾客导向）的动态机制，同时，研究组织伦理氛围作为个体间层次变量在不当督导—情绪—反生产行为影响机制中的跨层次调节作用。本书试图回答以下问题：①被不当督导员工是否会对组织及其利益相关者（领导、同事、顾客）实施反生产行为？对哪个目标对象实施反生产行为的倾向更大？②不当督导对员工反生产行为的影响机制是什么？③不当督导影响员工反生产行为的作用机制中是否存在边界条件？组织伦理氛围是不是员工反生产行为的有效控制工具？

第二节　研究意义

一、理论意义

（1）基于多焦点视角，系统研究组织中反生产行为现象。根据多焦点视角，员工在组织中的社交对象包括组织、领导、同事、顾客等多个主体，相应地，员工反生产行为的攻击目标也包括多种对象，但在现有研究中，组织行为领域学者主要研究员工针对组织及其内部成员实施的反生产行为，而市场领域学者主要研究员工针对顾客实施的反生产行为。由于各领域学者关注焦点不同，导致组织内部导向反生产行为和组织外部导向反生产行为分散在不同的研究领域，然而，本质上它们都是由员工实施的危害组织及其利益相关者的行为，研究成果的分散性在一定程度上制约了我们对反生产行为的系统性认识。为深入揭示员工反生产行为的触发机制，本书以服务型企业员工为调查对象，将员工反生产行为分为组织导向、领导导向、同事导向、顾客导向反生产行为，全面、系统地研究员工反生产行为的产生机制。一方面，本书整合了组织行为领域和市场领域学者们对反生产行为的理解，丰富了反生产行为的研究内容；另一方面，以往关于反生产行为的研究主要基于制造业组织情境，而本书选取服务型组织（服务业企业员工可能实施顾客导向反生产行为），补充了我们对服务型组织反生产行为影响因素的认识。

（2）基于情感事件理论，深入揭示不当督导影响反生产行为的动态作用机制。以往研究主要基于社会交换理论、公平理论、社会认同理论，解释不当督导对员工反生产行为的作用机制。从动机视角出发，反生产行为不仅是工具性（认知驱动）反生产行为也可能是表达性（情感驱动）反生产行为，上述理论主要将反生产行为视为认知驱动型行为，忽视反生产行为的情感因素。根据情感事件理论，不当督导作为工作事件是员工反生产行为的远端因素，而情感是员工反生产行为的近端因素。此外，情感事件理论认为员工情感经历，情感驱动型行为并非静态变量，它们会随着时间推移而变化，传统的横截面设计无法捕捉情绪对反生产行为的动态作用效果。为此，本书采用个体内设计——日记追踪法研究不当督导对反生产行为的动态作用效果。

（3）基于社会规范理论，研究消极情绪影响员工反生产行为的边界条件。现有研究发现，负面情感特质对员工反生产行为的影响效果存在边界条件。在本书中，我们不仅揭示情绪状态对反生产行为的动态作用机制，同时探讨组织伦理氛围在其动态作用过程中的跨层次调节效果。本书特别说明不管是情感特质还是情绪状态对反生产行为的作用效果都受情境因素影响，反生产行为受情感驱动，同时也受理性支配，积极探究反生产行为的边界条件，有利于为管理实践提供有价值的理论基础和管理建议。

二、实践意义

近年来，服务业在我国国民经济结构中的比重逐年攀升，服务业吸收劳动力就业占社会劳动力比重逐年提高，如何有效管理服务业人员，提高服务水平，从而提升顾客满意度和企业知名度是服务型组织面临的重要问题。然而近年来，关于服务型组织从业人员负面新闻报道时有发生，如"宁波火锅店发生的服务员用开水浇伤女顾客事件"。本书以服务员工为调查对象，系统探究服务人员实施伤害顾客利益或组织利益、领导利益、同事利益负面行为的深层因素，以及在何种情境下员工实施此类行为的倾向会弱化？以期为管理者有效抑制服务人员反生产行为提供方向。

首先，本书研究不当督导通过情绪状态对员工反生产行为的动态作用机制。以往研究发现人格特质对反生产行为具有重要的预测作用，但即使是非常老实的员工在经历不公平工作环境和领导对待时也会实施对抗行为（Litzky 等，2006），这与本书结论相一致，说明在管理实践中，我们无法通过人格特质筛选员工来避免组织中反生产行为。一方面，面对组织中反生产行为频发现象：①管理者应该加强审视自身行为，反思自身领导方式是否存在问题，在具体的管理工作中，管理者行为是否顾及员工心理感受。②管理者应加强与员工之间的沟通交流，而不应一味指责、惩罚反生产行为实施者，照顾员工情绪反应，及时帮助员工调整心态，使之尽快摆脱负面情绪，回归正常工作态度。另一方面，管理者应该意识到员工反生产行为可能只是一种情绪发泄方式，管理者不能秉着"一次不忠，百次不用"的态度对待反生产行为实施者，在不违反组织规章制度的前提下，对反生产行为实施者应以教育、引导、惩罚相结合为方针。

其次，我们还引入了组织伦理氛围的调节作用，研究说明，消极经历会增强员工实施反生产行为的可能性，但员工行为决策同时还受组织环境因素影响。反生产行为会对组织造成巨大的经济损失和其他间接损失，如何有效减少组织反生产行为是管理者需要思考的重要议题。本书结论说明，组织伦理氛围可以充当约束组织成员行为的非正式机制，员工都有归属组织的需求，他们通常以组织成员都认同的方式行事。因此，管理者可以从组织氛围视角思考抑制员工反生产行为的管理措施，积极构建互相关怀、尊重他人、遵守规范的和谐氛围，且领导者要从自身做起，端正自己的态度和行为，关心员工、尊重制度，维护良好的组织氛围，通过表率作用引导员工行为。

第三节　研究结构与内容框架

一、研究结构

本书主要研究不当督导对多焦点反生产行为的影响效果，基于情感事件理论，通过个体内研究设计，探究消极情绪在其动态作用过程中的中介作用，并进一步探究对其影响效果起到缓解或强化作用的边界变量，即组织伦理氛围作为个体间层次变量，在其动态作用过程中的跨层次调节效果。并针对本书结论为企业管理实践提供有价值的管理建议和措施，本书的研究结构主要包括以下部分：

第一章：引言。本章主要从理论和现实视角分析了本书的必要性和重要性，阐述了本书对管理理论和管理实践的贡献，概括性介绍本书主要研究框架及内容，以及可能存在的创新之处。主要包括研究背景、研究意义、研究结构和内容框架、研究方法和技术路线、可能创新之处。

第二章：文献综述。本章系统回顾了本书中主要变量，不当督导和反生产行为的国内外研究现状，以及不当督导与反生产行为关系的理论基础，并形成文献综述。具体包括不当督导的概念界定、不当督导的测量工具、不当督导的影响因素、不当督导的影响效果；反生产行为的概念界定、反生产行为的结构与测量、反生产行为的理论模型、反生产行为的影响效果；不当督导与反生产行为关系的理论基础，具体包括社会交换理论、抗拒理论、社会学习理论、资源保存理论、替代攻击理论。

第三章：理论模型与研究假设。本章主要阐述了本书理论模型，在理论分析的基础上提出本书主要研究假设。具体包括主要研究变量概念界定、理论基础与理论模型、研究假设。

第四章：研究设计与预测试。虽然本书测量工具均采用成熟量表，现有研究发现这些量表具有良好的信效度，但由于本书采用日记追踪法的纵向研究设计，同样的测项要求被调查者进行为期一周的重复填答，为减少被调查者的倦怠感，提高问卷质量，需要缩减问卷测量条目，因此，为检验所筛选条目的信效度，我们在追踪调研前进行了单次预调研。本章具体包括变量测量工具、问卷设计、预测试结果分析。

第五章：正式调研与模型检验。本章主要通过 SPSS、LISREL、HLM 等专业软件处理、分析正式调研数据，通过数据分析检验本书的理论假设，并总结研究结果。本章具体包括研究设计、信效度检验、描述性统计分析、假设检验、研究结果。

第六章：结论与展望。首先对本书主要结论做出有针对性的解释，然后阐述本书研究缺陷，并在此基础上进一步指出未来的研究方向，最后针对本书研究结论为企业管理实践提供有价值的建议。本章具体包括结果讨论、研究意义、研究不足与研究展望。

二、研究内容及框架

本书将基于多焦点视角和情感事件理论，通过日记研究法，探究不当督导对组织中不同目标导向反生产行为的影响效果，即不当督导对员工多焦点反生产行为的动态作用机制，并探讨组织伦理氛围在这一作用机制中的跨层次调节效应：

1. 不当督导与反生产行为的关系

根据多焦点视角，员工在组织中的活动对象包括组织、领导、同事和客户等多个主体，工作经历直接或间接影响员工对各组织主体的行为和态度。据此，本书将员工反生产行为划分为组织导向、领导导向、同事导向和顾客导向四种形式。系统探究感知不当督导对员工多焦点反生产行为的影响效果，即感知不当督导是否会导致员工实施伤害组织、领导、同事、顾客利益的反生产行为？被不当督导员工实施哪种反生产行为的倾向更大？

2. 消极情绪在不当督导与反生产行为关系间的中介作用

根据情感事件理论，工作事件直接影响员工情绪反应，并通过情绪反应直接影响员工情感驱动型行为，或通过态度间接影响员工认知驱动型行为。基于情感事件理论，本书认为不当督导作为员工体验到的工作事件，是预测员工反生产行为的远端变量，而被领导不当督导而产生的消极情绪是预测员工反生产行为的近端变量，即不当督导通过消极情绪的中介作用影响员工反生产行为。

3. 组织伦理氛围的跨层次调节作用

本书采用日记调研法，研究不当督导对员工多焦点反生产行为的动态作用机制，具体而言，不当督导、消极情绪、多焦点反生产行为均是随时间变化的动态变量，具备个体内变异量，因此，在具体调查中采用多次追踪调查法，基于个体内设计研究不当督导通过消极情绪影响多焦点反生产行为的动态效果。而组织伦理氛围是相对稳定的静态变量，只调研一次，属于个体间层次变量。不当督导、消极情绪、反生产行为属于个体内层次变量，是低层次变量，嵌入在个体间层次。因此，组织伦理氛围在不当督导—消极情绪—反生产行为作用机制中起跨层调节作用，具体而言，组织伦理氛围调节消极情绪与反生产行为之间的关系。

第四节　研究方法与技术路线

一、研究方法

（1）文献检索法。通过图书馆电子资源，广泛收集国内外相关文献资料，收集文献的目标期刊主要为 AMJ、AMR、JAP、JOB、南开管理评论、心理学报等国内外权威期刊。通过大量查阅关于不当督导、反生产行为的国内外研究成果，为本书奠定了一定的理论基础。在总结国内外研究现状的基础上，跳出现有研究的固有思路，探究新的研究视角，弥补现有研究不足。在理论分析的基础上，初步确定本书研究视角和研究主题。

（2）日记追踪调研法。日记调研法要求对个体内层次变量进行追踪调研，连续调研数日，因此，问卷题目不宜过多，要根据实际情况或载荷最高准则对原有测量题目进行筛选，一般每个变量以 3~5 条题目为宜，个体间层次变量仍采用传统调研法。在理论和实践分析的基础上，选用成熟量表，设计本书问卷，并根据研究需要确定调研企业。深入企业进行调研，同时融合访谈法，在调研中对相关协助调研人员进行简单的培训，以确保数据收集的有效性。

（3）数据分析法。将综合采用 SPSS、LISREL、HLM 等统计工具对本书进行数据分析。完成数据的信效度检验；均值、标准差、相关系数等描述性统计分析；利用多层线性分析法对相关假设进行检验。

二、技术路线

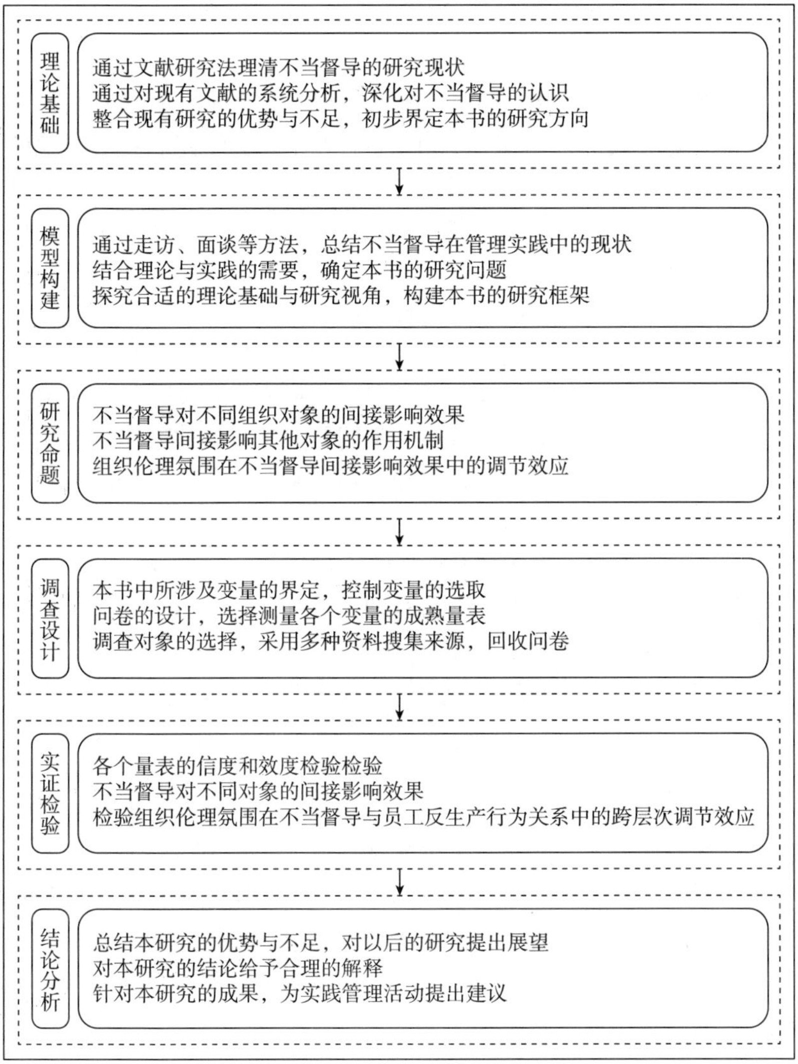

理论基础	通过文献研究法理清不当督导的研究现状 通过对现有文献的系统分析，深化对不当督导的认识 整合现有研究的优势与不足，初步界定本书的研究方向
模型构建	通过走访、面谈等方法，总结不当督导在管理实践中的现状 结合理论与实践的需要，确定本书的研究问题 探究合适的理论基础与研究视角，构建本书的研究框架
研究命题	不当督导对不同组织对象的间接影响效果 不当督导间接影响其他对象的作用机制 组织伦理氛围在不当督导间接影响效果中的调节效应
调查设计	本书中所涉及变量的界定，控制变量的选取 问卷的设计，选择测量各个变量的成熟量表 调查对象的选择，采用多种资料搜集来源，回收问卷
实证检验	各个量表的信度和效度检验检验 不当督导对不同对象的间接影响效果 检验组织伦理氛围在不当督导与员工反生产行为关系中的跨层次调节效应
结论分析	总结本研究的优势与不足，对以后的研究提出展望 对本研究的结论给予合理的解释 针对本研究的成果，为实践管理活动提出建议

图 1-1 本书技术路线

三、可能创新之处

本书可能的创新之处在于：

第一，拓展不当督导研究领域。不当督导的影响效果一直备受学者关注，综观现有文献，学者们主要探究不当督导对被不当督导员工自身心理、行为的影响效果，研究范围局限于组织内部成员。根据溢出效应理论，员工在一个角色中的经历会影响其在其他角色中的行为表现，部分研究探讨了不当督导对被不当督导员工家人的溢出效应。然而，个体在组织中具有组织—员工、领导—下属、员工—同事、服务者—顾客等多重角色，现有文献仅探究了不当督导对组织或领导等组织内部成员的溢出效应，未能回答不当督导对组织外部利益相关者（顾客）是否存在消极溢出效应？而本书系统研究了不当督导对组织、领导、同事、顾客导向反生产行为的影响效果，将不当督导的影响效果由组织内部延伸到组织外部，拓展了不当督导的研究领域。

第二，系统整合分散于不同研究领域的反生产行为。反生产行为是员工对组织、组织成员及其利益相关者实施的反生产行为，根据反生产行为的界定，反生产行为的对象可以是组织、组织成员如领导、同事以及组织利益相关者——顾客。但学者们对反生产行为的研究分散于不同研究领域，如组织行为领域研究者多以制造业为研究背景，主要研究组织和人际反生产行为的影响因素；市场领域研究者多以服务业为研究背景，主要研究顾客导向反生产行为的影响效果。本书以服务型企业为研究背景，系统整合分散于不同研究领域的反生产行为，从领导行为探究各种反生产行为的影响因素，有助于系统了解组织中反生产行为的产生机制，深化对反生产行为的全面认知。

第三，采用日记追踪法验证不当督导与反生产行为的动态关系。现有研究主要采用个体间设计研究不当督导、反生产行为，即将不当督导、反生产行为视为静态变量。但研究发现，同一个领导每天的不当督导行为表现具有显著差异，反生产行为的研究表明，个体内因素可解释反生产行为50%的变异量，然而基于个体间设计的现有文献并不能揭示不当督导与反生产行为之间的动态关系。而本书基于情感事件理论，引入随时间变化的情绪变量，探究每日不当督导对每日反生产行为的动态作用路径，通过日记追踪数据捕捉员工每天被不当督导经历、情感体验和反生产行为表现的动态变化情况，从而验证了不当督导通过消极情绪影响反生产行为的动态作用机制。

第二章 文献综述

第一节 不当督导文献综述

一、不当督导概念界定

不当督导行为包括两种形式：身体上的不当对待和非身体上的不当对待。身体上的不当对待包括扔东西、拳打脚踢、武装威胁等；非身体上的不当对待包括为使下属蒙受耻辱而粗暴无礼地说话、公开辱骂下属、伤害下属的感情等。在管理实践中，非身体上的不当对待要比身体上的不当对待更为普遍。西方学者在对不当督导进行实证研究时，一般将其界定为非身体上的不当对待。Harland（1996）把不当督导定义为，通过制造威胁和恐吓来达到控制他人目的的行为。Tepper（2000）等指出，不当督导是下属感知到的来自上级的持续性语言和非语言的敌意行为，但是不包括身体接触。综合现有文献，不当督导的具体表现主要有：嘲笑、公开批评、大声发脾气、粗鲁无礼、漠不关心下属、强迫下属、把下属当"替罪羊"、对下属保持沉默、贬低下属名声、以工作机会威胁下属、不告知重要信息、怒视下属、不守承诺、使用藐视性的语言等（Tepper，2000；Tepper 等，2001；Zellars 等，2002）。

根据学者们对不当督导概念的界定，不当督导具有如下特征：①不当督导具有主观评价性，同一种管理行为，有的人认为是不当督导行为，而有的人则不这么认为。②不当督导包括敌意的语言和非语言行为，但不包括身体接触性的行为。③不当督导不是指有目的的行为，仅仅是指行为的本身。即有伤害下属的意图不是不当督导的必要条件，只要实行了这种行为，不管出于什么目的，都属于不当督导。

近年来，组织行为领域出现众多负面行为构念，如暴君行为（petty tyran-ny）、职场受害行为（workplace victimization）、职场欺凌行为（workplace bull-ying）、领导攻击行为（supervisor aggression）、领导阻抑（supervisor undermining）和破坏领导（destructive leadership）等。为厘清不当督导与相关概念的边界，本书从以下几点阐述不当督导与相关构念的差异性：①构念是否聚焦于领导对员工实施的敌意行为；②构念是否排除其他形式敌意行为（如身体和性）；③构念内容是否包括非敌意行为；④构念是否包括意图性。据此，我们概括总结了不当督导与相关构念的差异性，具体如表 2-1 所示：

表 2-1 不当督导与相关构念的差异分析

构念名称	构念界定	领导针对下属行为	排除身体接触行为	包括非敌意行为	包括故意倾向
不当督导	下属感知到来自上级的持续的语言和非语言的敌意行为，但是不包括身体接触（Tepper, 2000）	是	是	否	否
暴君行为	管理者利用权力或职权以压迫的、随意的、恶毒的方式对待下属（Ashforth, 1997）	是	是	是	否
职场受害	个体感知到来自一人或多人短期或反复性的攻击行为（Aquino 和 Bradfield, 2000）	不一定	否	否	是
职场欺凌	一个或多个员工在持续一段时间内感知受到其他一个或多个人员的负面对待，但被欺凌者却不能保护自己免遭此类行为（Hoel 和 Cooper, 2001）	不一定	是	否	是
领导攻击	在工作情境中，故意伤害员工身体的领导行为（Schat 等, 2006）	是	否	否	是
领导阻抑	故意阻碍员工建立或维持积极人际关系、工作成功和良好名誉的领导行为（Duffy 等, 2002）	是	是	否	是
破坏领导	通过破坏组织目标、任务、资源或是员工工作效率、动机、幸福感和满意度等违反组织利益的领导行为（Einarsen 等, 2007）	不一定	否	否	否

二、不当督导测量工具

目前关于不当督导的测量主要采用 Tepper 开发的量表，包括 15 个测量题项，都是以"我的主管"为开头：①嘲讽我；②认为我的想法和感觉很愚蠢；③对待我的态度冷漠；④在其他人面前贬低我；⑤侵犯我的个人隐私；⑥提醒我以前的错误和失败；⑦在需要付出很多努力的工作上不信任我；⑧明明是他自己的过错却责怪我；⑨不守承诺；⑩因为其他原因迁怒于我；⑪在别人面前对我进行负面评价；⑫粗鲁地对待我；⑬不让我和同事交往；⑭说我无能；⑮对我说谎。该量表采用李克特五点法表示遭受不当督导的频率（Tepper，2000）。

现有研究表明 Tepper 的量表具有良好的信效度。但不同学者根据研究需要，对该量表进行了适当的删改。Hobma 等（2009）等以导师和学生的关系为研究对象，发现只有 13 个维度适用于教育环境（7 和 13 不适用）并同时将 5 点表示法选择扩大为 6 点表示法。Zellars 等（2002）等在上述 15 个条目和 13 个条目量表的基础上开发了适用于军队环境下的 14 个条目量表。Harris 等（2007）等经过验证性因子分析发现，15 个条目中有 11 个条目的结构效度更高（除了 7、8、13、15）。Mitchell 和 Ambrose（2007）等对这 15 个条目的结构进行了探索性和验证性因子分析，发现这些因子可以分为两类：一类是主管主动的不当督导行为（如嘲讽我、说我的想法和感觉很愚蠢），另一类是被动的不当督导行为（如在需要付出很多努力的工作上不信任我）。Aryee 等（2007）等研究发现有 5 个条目（第 5、7、9、13、15 题项）明显不适用于中国的文化背景。Hu 等（2011）等通过比较中国台湾和美国的样本发现，在不同的集体主义—个人主义、权力距离和传统文化等情境影响下，虽然两地的各因子载荷不同，但 Tepper 的 15 题项量表具有较稳定的测量结构，这可能源于开发量表采用的是演绎的方法而不是归纳的方法，演绎的方法通过回顾不同文化背景下的文献来论证，具有更大的普遍性。

三、不当督导影响因素

1. 个体层面影响因素

（1）下属特征。根据受害者理论（victim precipitation theory）受害不是随机过程，不是每个人都同等可能受到伤害，有些类型人更容易成为受害者。受害者可分为两种类型：一类是顺从型受害者，他们给施害者的感觉是不能够保护自己、不敢反抗，而容易成为受害者，这些人具有相对软弱的人格特质，如低自尊、消极、紧张、焦虑等；另一类是挑拨型受害者，他们向别人展现会引起紧张和冲突的态度、行为、情感等人格特质，通常被认为恶意、厌恶、威胁、不适当，因而成为被攻击对象。因此，顺从型和挑战型人格特质者都易于遭受他人的伤害行为。实证研究证实，核心自我评价（自尊、一般效能感、控制点、低神经质）、自恋、大五人格（外倾性、经验开放性、情绪稳定性、宜人性、责任性）等人格特质与感知不当督导显著负相关（Brees 等，2014；Henle 和 Gross，2014；Wang 和 Jiang，2014；Neves，2014）。

敌对归因风格者倾向把自己视为受害者角色。他们会否认自己对问题应该承担的责任，将来自主管的负面反馈视为不公平或是不当对待，因此，实行外部归因风格的员工更易于感觉到不当督导行为。Martlinko 等（2009）等证实了外部归因风格和不当督导之间有着显著的正向关系。心理福利指个体认为自身应获取更多薪酬、积极评价和其他回报，而不考虑自己的实际付出，是一种稳定的心理状态，高心理福利者通常采用自我服务型外部归因风格，他们将自身失败归因于外部因素，他们具有良好的自我感觉，并希望维持自身积极正面形象（Harvey 和 Martinko，2009）。当他们因工作失误而遭受领导负面评价和指责时，他们不是自我反省，而是将其归因于领导刻意刁难和不公对待，所以，高心理福利者更易于把不具备不当督导性质的领导行为解读为不当督导（Harvey 等，2014）。

根据社会互动理论，人们实施攻击行为具有三个目的：影响他人顺从、建立或维护所需身份、维持世界正义理念，领导可能会故意实施不当督导行为，目的是要让员工顺从自己，挽回面子、通过树立权威形象重建权力，纠正员工的违规行为，因此，实施反生产行为者更易于成为不当督导对象（Lian 等，2014b）。根据道德排斥理论，对攻击者而言没有价值的个体更易于成为攻击对象，因此，绩效越差的员工对领导价值贡献越小，被领导不当督导的可能性越大（Walte 等，2015）。此外，员工职业、性别、应对策略等也会影响员工感知不当督导水平。一般而言，从事一些必须与客户面对面交流的职业以及情绪劳动者，如教师、医生、销售、客服等面临的工作压力更大，因此，更容易遭受或实行不当督导行为。Restubog 等（2011）等的研究证实以人际为导向的职业感知到更多的不当督导行为和工作压力。而 Aryee 等（2007）等发现，一般女性管理者会更少地实施不当督导行为。下属的应对策略从长期来看也会影响不当督导行为，Meglich 和 Eesley（2011）等认为，采取规避策略的，虽暂时避免了被不当督导，但由于行为得不到纠正，为长期内遭受该行为埋下了祸患。

（2）主管特征。学者主要基于替代攻击理论从领导视角解释不当督导行为，替代攻击是一种发泄行为——因攻击侵犯者不可取而向其他个体发泄不满（Mitchell 和 Ambrose，2012b）。当领导在工作和非工作领域体验到消极经历时，根据"一报还一报"原则，他们认为反击消极行为实施者是公平的，但攻击上司会使自己在组织中的境遇更糟，攻击亲人会影响家庭幸福，因此他们通常会选择可以控制的下属作为攻击对象。研究证实，感知上级领导不当督导行为、家庭破坏经历、心理契约破坏与领导不当督导行为显著正相关，其中，心理契约破坏对不当督导的影响效果受下属归因风格调节（Burton 等，2012；Kiewitz 等，2012；Garcia 等，2014；Hoobler 和 Brass，2006；Wei 和 Si，2013a）。Liu 等（2010a）等研究发现，团队领导的归因动机调节部门领导实施不当督导行为和团队领导实行不当督导行为的关系。领导风格是预测领导行为的重要因素。一般而言，实行独裁式领导方式的人会要求下属绝对地服从，将权力集中于自身，通过惩罚机制来威胁不服从员工，所以实行不当督导能更好地满足他们对于权力的控制。研究证实，实施独裁管理风格的领导更容易对下属实施不当督导行为（Meglich 和 Eesley，2011；Gabler 等，2014），Aryee 等（2007）等研究证实独裁式领导风格在预测不当督导时具有调节作用。此外，领导人格特质对不当督导行为具有显著的预测效果，低宜人性、高神经质、高心理福利、高个体主义的领导更可能实行不当督导，而领导政治技能可以削弱心理福利对不当督导的正效应（Whitman 等，2013；Johnson 等，2012；Meglich 和 Eesley，2011）。根据临床表现，30%～40% 有抑郁倾向的人都有攻击行为、不适当敌对行为和对别人大发雷霆等行为，Tepper 等（2006）等研究发现主管抑郁在程序公平和不当督导中起中介作用效应。

（3）主管与下属的关系。根据领导—成员交换理论，外群人员一般觉得他们的领导—成员交换关系质量更低，感知到更少地来自领导的人际交往、信任、回报和支持，因此，较之内群人员，外群人员觉得自己受到的对待更恶劣，更容易感知领导不当督导行为。Aryee 等（2007）等研究证实领导成员交换质量和不当督导负相关。Tepper 等（2011）基于道德排除理论解释领导向特定员工实施不当督导行为的动机。根据道德排除理论，在下述三种情况下，个体易成为敌对行为的目标对象：①攻击者与目标对象存在异质性；②攻击者与目标对象存在冲突；③对攻击者而言，目标对象没有价值，甚至存在危害性。研究证实，领导员工深层异质性（价值观、态度和个性差异）、领导员工关系冲突、员工绩效是领导向某一目标员工实施不当督导行为的影响因素。主管员工深度异质性和不当督导正相关，人际冲突和下属绩效在深度异质性与不当督导的关系中起部分中介作用，但人际冲突的中介作用受到下属绩效的调节作用，只有当主管对下属的绩效评价较低时，这种作用才存在。这可以从道德排除理论视角去理解，当存在人际冲突且下属的绩效也较低的情况下，下属行为会被认定为不符合主管正义观，因而主管会向其实行排斥行为：不当督导。

2. 组织层面影响因素

（1）组织内部环境。公平理论是理解组织内不同层次现象的重要理论。感知程序不公者觉得自己没有得到组织应有的尊重或是没被视为组织一员，从而降低自我效能并产生抑郁，而抑郁通常是敌对行为和攻击行为的动机，因此，感到程序不公者通常会将此种情绪通过不当督导行为发泄到他们便于控制的个体（下属）身上。研究发现，人际公平、程序公平与不当督导显著负相关（Tepper 等，2006；Aryee 等，2007）。组织氛围是员工对组织政策、实践和程序的共同认知，是预测工作行为的重要因素。根据社会信息过程理论和社会学习理论，个体向周围寻找组织期望行为线索，并据此调整自身行为。因此，在敌对氛围较高的组织环境下，敌对行为、攻击行为被认为是组织所期望的行为，至少被组织接纳的行为，因此，在此种情境下，领导更易于实施不当督导行为。而责任性高的领导者自控能力较强，他们会坚持一般道德原则，以社会道德规范要求、约束自身行为，所以，领导责任性在敌对氛围与不当督导关系中起调节作用（Mawritz 等，2014）。Meglich 和 Eesley（2011）等基于中国小型企业样本的研究发现，组织内部结构对不当督导行为有着显著的影响。当组织内缺乏明确的制止不当督导行为的政策、专业的人力资源管理、正式监管领导行为的机构、有反馈的绩效评估体系和员工申诉通道时更容易产生不当督导行为。

（2）组织外部环境。行业不确定性指快速变化、不可预知的外部行业环境，增加了个人或组织应对环境变化的难度。创业家们在开发或发展投资项目时的焦虑和压力会随着行业不确定性程度的增加而变大。而压力、悲伤、超负荷工作和挫折会增加个体实施攻击行为的倾向。Hmieleski 等（2001）研究证实行业环境的不确定性越高，管理者实施不当督导行为的频率越高。有意思的是行业环境不确定越高，不当督导对组织公平和下属绩效的负面影响越小。可能的原因是，在高不确定水平下，下属倾向于把不当督导行为归因为领导应对环境变换的客观需要，而不是将其归因于领导者个人特质，因此，下属对领导敌对行为的理解和接受程度更高。

综上所述，现有研究主要从员工特质、领导特质、领导与员工关系、组织情境四个方面阐述了不当督导的预测因素。概括而言，预测感知不当督导的员工因素包括员工个体特征（大五人格、性别、职业、归因风格）、员工心态（核心自我评价、焦虑、心理福利）、行为表现（偏差行为、工作绩效、应对策略）；预测不当督导的领导因素包括领导特质（大五人格、个体主义、心理福利、抑郁）、领导经历（领导不当督导经历、家庭攻击经历、心理契约破坏）、领导方式（独裁领导）；影响不当督导的组织因素包括组织内部因素（组织公平、组织氛围、组织结构）、组织外部因素（环境不确定性）。员工个体特征、归因风格、工作绩效；领导个体特征、领导方式；组织规章制度在不当督导触发机制中起调节作用。

四、不当督导的影响效果

1. 不当督导对个体的影响效果

（1）对员工心理态度的影响。不当督导作为一种破坏性领导行为，会对下属工作态度造成一系列负向影响。Harland（1996）指出，不当督导会令人反感，并会弱化下属工作绩效、态度，损害下属自尊和心理健康。综观现有文献，基于不同组织情境的研究发现，不当督导对员工工作满意度、心理压力、焦虑、紧张、组织承诺、自尊、情绪耗竭和离职倾向具有显著的影响效果（Farh 和 Chen，

2014；Wu 和 Hu，2013；Wei 和 Si，2013b）。Burton 和 Hoobler（2006）等认为，男性一般从社会比较和自我认知中来获取关于自己的信息，而女性则依靠别人的评价来获取信息。因此，当女性遭受不当督导时自尊心受到的伤害更大，因为对女性而言这意味着领导对自己的低评价或否定。当员工遭受领导不当对待时，若下属有着更好的工作机会，则可能会选择离职以摆脱这种遭遇，研究发现，不当督导和上述一系列负向心理行为的关系受到感知机会和社会支持（导师支持和组员支持）的调节作用（Tepper，2000；Hobman 等，2009）。另有研究发现，不当督导对下属心理压力的影响效果因下属采取不同的应对策略［规避、逢迎、直接交流、寻求支持、重构（Reframing）］而改变。当采取规避、寻求支持和重构策略时，员工受到的心理压力更大；而当采取直接交流和逢迎策略时，员工受到的心理压力会相应地减小（Hobman 等，2009；Tepper 等，2007）。

（2）对员工行为绩效的影响。组织领域学者认为工作绩效包括偏差行为、组织公民行为和任务绩效三个方面，现有研究发现，不当督导对三种工作绩效均有显著的影响效果。

首先，不当督导对下属偏差行为具有显著的影响效果，现有研究主要基于公平理论（Tepper，2000）和社会交换理论（Thaue 等，2009）解释不当督导对员工偏差行为的作用机制。根据公平理论，领导不尊重、公正、礼貌、灵敏地对待员工，将使员工感知到人际不公、程序不公和分配不公，各种不公平遭遇使员工产生消极心理体验、失去控制感，进而通过危害行为获取平衡感和控制感。研究发现，不当督导通过人际公平、程序公平、分配公平的中介作用影响偏差行为（Wang 等，2012；Lian 等，2012a；Burton 和 Hoobler，2011）。根据社会交换理论，不当督导有损领导与员工间交换关系质量，基于"一报还一报"原则，遭受领导不当对待的员工将通过消极工作态度，甚至实施攻击和危害行为回击组织及领导（Huiwen 等，2014；Liu 等，2010；Tepper 等，2009；Wang 等，2012）。因此，领导成员交换关系质量是不当督导影响员工偏差行为的重要途径（黄丽和陈维政，2014；于静静等，2014）。而根据替代攻击理论，当下属遭遇领导不当对待时，会产生直接报复领导或组织的心理，但由于害怕报复主管或组织会使自己以后遭受更多的不当督导行为，下属通常会将怒气向其他无辜组织成员发泄，如同事等相对弱势群体（Yagil 等，2011）。实证研究证实，不当督导对同事导向偏差行为具有显著的正向影响，情绪耗竭在其中起中介作用（Mitchell 和 Ambrose，2007；Wheeler 等，2013；Harris 等，2013a）。员工人格特质（责任感、宜人性、情绪稳定性、控制点、责任感、自尊、自控能力）、领导风格（专制领导、不确定性领导）、组织情境（分配公平）是不当督导影响员工偏差行为的边界条件（Sulea 等，2013；Culbreth 和 Cooper，2008；Thau 等，2009；Burton 和 Hoobler，

2011；Wei 和 Si，2013b；Lian 等，2014a；Mawritz 等，2014；Lian 等，2014b）。

组织公民行为指能有效地提高组织性能，且未被组织制度明确具体规定，可由员工自行决定的行为（Organ 和 Lingl，1995）。研究发现，个体特质、动机和态度可解释组织公民行为 15% 的变异量，组织公民行为 85% 的变异量可由情境因素和领导行为解释。根据社会交换理论、互惠原则，员工会通过增加组织公民行为回应领导支持和其他积极组织情境，通过减少组织公民行为回应非支持性领导和消极组织情境（Gregory 等，2013）。当员工遭受不当督导时，会感觉自我控制感被削弱而产生挫折感。为了重新恢复自我控制感，下属可能会自主决定实行有悖于组织价值观的行为，即减少组织公民行为。Zellars 等（2002）等研究发现，不当督导对组织公民行为具有显著的负面影响效果，其影响程度受员工对组织公民行为定义的调节作用，当下属把组织公民行为定义为角色外行为时，不当督导对组织公民行为的负向影响更显著。此外，环境不确定性、薪酬满意度、任职时间是不当督导影响员工组织公民行为的重要边界条件（Hmieleski 和 Ensley，2007；Gregory 等，2013）。领导成员关系、人际公平、工作不满是不当督导影响员工组织公民行为的重要路径（Aryee 等，2007；Avey 等，2014；Liu 和 Wang，2013）。组织公民行为指员工自愿性的角色外行为，但在组织中，当面对外界压力时，员工也会产生非自愿性的、强制性的角色外行为，Vigoda – Gadot（2006）将此界定为强制公民行为。研究发现，不当督导会通过心理安全的中介作用影响强制公民行为（Zhao 等，2013）。

研究证实，不当督导对员工绩效具有显著的影响效果，员工责任性能削弱不当督导对工作绩效的负效应（Nandkeolyar 等，2014；Ouyang 等，2015；Priesemuth，2013）。员工创新绩效是组织行为领域重要研究变量。根据创新成分模型，具有威胁性的核心评价是抑制创造力的重要情境因素，内部动机区分了员工可以做的事和愿意做的事，是影响员工创造力最重要因素。不当督导是领导对员工的一种负面评价，而领导作为组织的代言人，因此，不当督导体现出组织、领导对员工绩效的不满意、对员工能力的否定，有损员工工作意愿。Zhang 等（2012）研究发现，不当督导通过内部动机的中介作用影响员工的创造力，核心自我评价能够削弱不当督导对内部动机的负效应，因为，自我评价高的个体受他人负面评价的影响更小（Brockner，1988）。根据激活理论，过高或过低的激活水平都会降低绩效，在中等激活水平下的绩效最好（Scott，1966）。Lee 等（2013）基于激活理论的研究发现，不当督导与员工创造力呈倒 U 形关系。

在迅速变化和竞争激烈的商业环境下，组织成功离不开快速学习和反应能力，但高层领导者和决策者不可能掌握决策所需全部信息，而员工直接与客户及其他组织成员接触，常常能获取组织中工作低效、活动违规、发展机会和战略争议等相关信息，因此，员工分享信息、提供建议对组织发展、成功具有重要作用（Morrison，2014）。但实践中，员工常常倾向于保留关于组织问题的信息和建议。Duan 等（2010）认为，领导是避免组织形成沉默文化，倡导组织形成开放文化的第一道防线。关于建言行为的研究证实，积极、支持的上下级关系、感知领导道德和领导公平对建言行为具有显著的正面效应（Morrison，2014）。Pinder 和 Harlos（2001）等认为，沉默指员工感知或经历不公对待而保留各种真实想法，面对不公现象而保持沉默普遍存在于组织中，而不当督导是一种典型的人际不公对待，因此，在不当督导情境下，员工沉默倾向更强，建言倾向更弱。研究证实，不当督导对员工沉默具有显著的正效应，对员工建言具有显著的负效应，领导成员交换关系负向调节不当督导与沉默行为的正向关系（Wang 和 Jiang，2015；Ouyang 等，2015；严丹，2012）。

（3）对员工工作—家庭冲突的影响。不当督导不仅影响员工在工作场所的行为，还影响员工在非工作场所的行为。根据替代攻击理论，遭受不当督导的员工离开工作场所后会把无辜、方便的家庭成员作为发泄、攻击对象。工作—家庭冲突、家庭贬损是不当督导对员工非工作状态下的影响结果。研究证实，不当督导与家庭贬损（family undermining）显著正相关（Hoobler 和 Brass，2006）。Carlson 等（2011b）基于溢出效应理论和交叉理论，研究了不当督导对员工家庭的影响机制。溢出效应指对同一个人而言，感觉、态度和行为从一个领域转移到另一个领域的现象。结果显示，不当督导和人际紧张正相关，且工作—家庭冲突起中介作用；人际紧张在不当督导对家庭满意度与家庭功能的影响过程中起中介效应。Carlson 等（2012）发现，不当督导对工作—家庭冲突、家庭—工作冲突均有显著的正向影响效果，工作倦怠和表层表演在其影响过程中起中介作用。Tepper（2000）发现，不当督导通过感知公平的中介作用对工作—家庭冲突起负面作用，且这种效应受到感知机会的调节作用，当员工有更好的选择余地摆脱这种压力（不当督导）时，不当督导对生活满意度的负效应将被弱化。Restubog 等（2011）关注不当督导对员工贬损配偶（spousal undermining）的影响效果，结果发现，不当督导对配偶贬损具有显著的正效应，性别在其作用过程中起调节作用，由于男女权力不平等，被不当督导的男性对配偶的攻击性更强。

2. 不当督导对团队的影响效果

不当督导不仅影响员工个人工作态度和行为，也会给团队带来一系列的影响。Liu 等（2010）从个人、团队和部门三个层次研究发现，当团队成员把部门领导的不当督导行为归因为提高绩效动机而不是伤害动机时，部门领导不当督导行为与团队领导不当督导行为的正向关系更强。当团队成员把团队领导的不当督导行为归因为提高绩效动机而不是伤害动机时，团队领导不当督导与团队成员创造力之间的负向关系被削弱。当团队领导把部门领导的不当督导行为归因为提高绩效动机而不是伤害动机时,部门领导的不当督导行为通过团队领导的不当督导行为对团队成员创造力的负面效应更强。当团队成员把团队领导的不当督导行为归因为提高绩效动机而不是伤害动机时,部门领导的不当督导行为通过团队领导的不当督导行为对团队成员创造力的负面效应更弱。马跃如等(2011)研究发现,不当督导与团队绩效显著负相关,不当督导对团队效能感具有负面效应,会降低团队效能感的水平,而团队效能感水平的降低将会导致团队绩效水平下降。即团队效能感在不当督导与团队绩效之间存在着中介作用,而且是完全中介作用。企业环境不确定性能削弱不当督导对团队绩效、团队效能感的负面效应;同时,环境不确定性还能调节团队效能感与团队绩效间的正效应。

综上所述,不当督导的影响效果可归纳为以下几个方面:第一,对工作领域个体心态的影响,具体包括:工作满意度、组织承诺、心理压力、情绪耗竭、离职倾向、自尊;第二,对工作领域个体绩效行为的影响,具体包括:偏差行为、组织公民行为、工作绩效、创造力、建言行为(沉默);第三,对工作领域团队的影响,具体包括:团队凝聚力、团队创造力、团队绩效;第四,对非工作领域个体的影响,具体包括:工作家庭冲突、家庭满意度、家庭功能、家庭贬损、配偶贬损。社会交换理论、公平理论、资源保存理论是解释不当督导作用机制的主要理论,据此,不当督导影响结果变量的中介变量包括:社会交换理论(领导成员交换、上下级关系、信任领导);公平理论(人际公平、分配公平、程序公平);资源保存理论(心理压力、情绪耗竭)。不当督导影响效果的边界条件主要包括:员工因素(性别、人格特质、核心自我评价、归因风格、应对策略、感知机会);领导因素(人格特质、领导风格、领导成员关系);情境因素(组织支持、组织公平、环境不确定性)。

本书基于不当督导现有研究成果,构建了不当督导的整合模型,如图 2 - 1 所示。

五、研究述评

近十年来随着国内外学者对不当督导的不断研究和探索,我们对不当督导作用机制、前因变量和结果变量的认识不断深化并取得了一定成果,但仍存在一些不足之处:

1. 研究设计

现有文献大多采用横断研究设计方法研究不当督导,但此方法使部分待检验关系的方向性模糊不清,不能直接推断和验证因果关系。Yagil 等(2011)在研究《情绪与选择应对不当督导策略的关系》一文中指出,虽然能够合理地假设

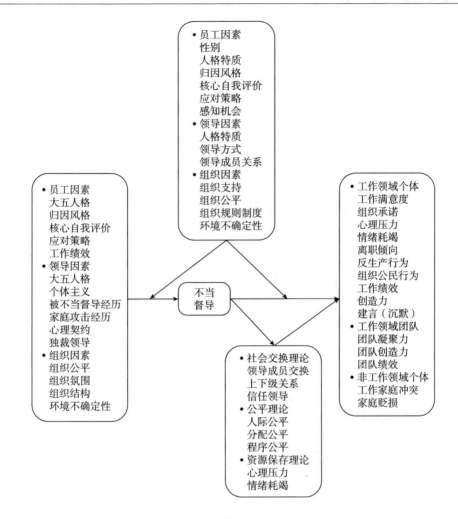

图 2 - 1 不当督导整合模型

应对策略影响着情绪，但也可以说是员工的情绪影响了他对应对策略的选择。Liu 等（2010）则指出以往研究方法——横断设计和来自同一个样本的同源偏差数据制约了他们研究结果的普遍性。部分学者验证了不当督导对员工偏差行为的影响效果，但 Lian 等（2014b）通过交叉延迟设计（cross - lagged panel design）研究发现，组织偏差行为对不当督导（滞后 6 个月和 20 个月）具有显著的正效应，不当督导对组织偏差行为（滞后 6 个月）也具有显著的正效应，但不当督导对滞后 20 个月的偏差行为影响不显著。这一方面说明，横断研究设计只能论证相互关系，无法验证因果关系，因此，未来研究要采用纵向研究设计，以更好地验证不当督导的因果效应；另一方面说明，不当督导对偏差行为的影响效果随时间变动，因此，未来研究要想真正捕捉组织中不当督导现象，需要随着时间变化重复调研被不当督导者的感受，以及因此引起的行为表现。

2. 研究层次

现有文献关于不当督导的研究主要聚焦于员工个体层次，而不当督导是一种多层次组织现象，它不但受员工、领导个体因素影响，也受组织情境因素影响；不当督导不但影响员工个体，也影响团队；此外，不当督导影响效果受到员工个体、领导个体、团队和组织等多层次因素的调节作用。但现有文献主要研究了员工个体因素或领导个体因素对不当督导影响效果的调节作用，缺乏对组织边界条件的研究，如团队氛围、组织文化、人力资源战略等情境因素。鉴于组织现象的多层次嵌入本质，若不能从多层次视角分析不当督导现象，可能导致不完整或不确切的研究结论（Robinson，2008）。因此，未来研究可以从多个层次去探究不当督导的影响因素或影响效果，或是不同层次的交互作用对不当督导的影响效果，以及不当督导与不同层次变量的交互影响效果。此外，考虑到不当督导随时间变化特性，不当督导的研究层次不仅包括个体、团体和组织，还包括个体内层次和个体间层次，因此，未来研究可从多个视角、多个层次全面系统地揭示不当督导的触发机制和影响效果。

3. 研究背景

Tepper（2007）认为，不当督导存在行业效应，即不当督导水平在不同行业存在差异。学者们对医疗行业不当督导感兴趣并非偶然性，医疗行业从业者工作任务繁重、时间压力大、不确定性高、失败成本高，医疗行业尤其容易发生不当督导行为，因此，基于医疗行业的不当督导研究成果缺乏普适性。另一个不当督导研究结果缺乏普适性的代表行业是服务行业，因为他们大部分甚至全部工作时间都面临着与顾客打交道，相比其他行业，服务业员工每天既面对组织内主体，如领导、同事，又面对组织外主体，如顾客，所以，不当督导对一线服务人员的影响效果不同于其他行业员工（Jian 等，2012）。因此，未来研究一方面，要基于多种行业收集数据，提高不当督导研究结果的普适性；另一方面，要注重对特定行业不当督导现象的深入研究，提升研究结果的针对性。

第二节　反生产行为文献综述

一、反生产行为的概念界定

组织负面行为一直备受管理领域学者的关注，多年来，基于研究领域和研究视角差异，关于组织负面行为的研究术语纷繁复杂，诸如反生产行为、偷窃行为、旷工、职场暴力、攻击行为、报复行为、反社会行为、欺凌行为等。20世纪90年代中期，Robinson和Bennett（1995）开始将组织负面行为的不同研究术语整合为一个更宽泛的构念——组织偏差行为，将其界定为员工违背组织规范，危害组织及组织成员福祉的有意行为。偏差行为是员工自愿行为，指员工违背社会规范期望或缺乏动力遵守社会规范期望，其中，社会规范包括正式的或非正式的组织政策、规则和程序。据此定义，偏差行为具备三个特征：①偏差行为的实施者是组织现有成员，或组织内部成员，排除组织外部者，如下岗工人或者顾客；②偏差行为是自愿行为，员工根据自己的意愿实施此类行为；③偏差行为违背了组织规范或基于正式、非正式政策、规则和程序的组织期望（Jelinek和Ahearne，2006）。

这些术语揭示的本质是反生产（Anjum和Parvez，2013），Fox等（2001）最早提出反生产行为，将其界定为意图对组织及组织成员造成破坏效应的行为。这些行为能直接破坏组织功能、财产，也能通过影响组织成员工作效率的间接途径损害组织利益。Spector和Fox（2002）认为，反生产行为指意图伤害组织及组织成员的行为，包括具有潜在危害性的行为，如辱骂他人、偷窃、不正确工作、逃避工作等行为。Martinko等（2002）认为，反生产行为指导致伤害组织及组织成员的员工行为。Gruys和Sackett（2003）认为，反生产行为指组织成员违背组织合法利益的任何蓄意行为。上述研究关于反生产行为的界定，焦点是行为本身，而不是行为结果，此构念仅包括故意行为，不包括引起伤害的偶然行为；仅包括组织内部成员行为，不包括组织外部成员行为（如顾客）。Hunter（2014）认为，反生产行为是工作绩效的主要组成部分，指员工伤害或意图伤害组织及组织利益相关者（领导、同事、顾客）的自发行为。此界定将反生产行为的危害对象由组织内部（组内成员）扩展到组织外部（顾客）。Fida等（2014）认为，反生产行为指员工违背社会或组织规范，从而导致组织及组织利益相关者利益受损的自发行为。

通过系统梳理发现，偏差行为与不同学者界定的反生产行为存在两大差异：①行为客体差异。偏差行为和早期反生产行为的行为客体主要指向组织内部，而后期学者将反生产行为客体扩大到组织外部利益相关者（如顾客）；②行为标准差异。偏差行为指违反组织规范的行为，而反生产行为不局限于违反组织规范的行为。但这些界定存在较多共性：①主体一致，上述界定都一致认同两种行为的实施者是组织内部成员；②行为破坏性，两种行为均会对组织及组织利益相关者造成伤害或存在潜在伤害；③行为自发性，两种行为均为员工根据自己意愿实施的行为，不是组织强制性规定的行为。因此，反生产行为是比偏差行为更宽泛的同质行为，据此，本书采用反生产行为构念。

二、反生产行为的结构与测量

早期，学者们主要研究特定组织负面行为，缺乏对这些行为的系统整合，限制了研究结论的实用价值。Robinson 和 Bennett（1995）认为，以往研究主要致力于偷窃、低生产率等指向组织的反生产行为，忽视了指向人际的反生产行为，如性骚扰、身体攻击等，而正确完整的反生产行为类别应该包括组织指向和人际指向。为此，Robinson（1995）根据行为性质及目标，系统研究了反生产行为的结构，根据反生产行为的严重程度，构建维度1——从轻微到严重；根据反生产行为的目标导向，构建维度2——个体导向和组织导向，而后根据两个维度将反生产行为划分为四种形式，具体如图 2-2 所示。严重的组织导向反生产行为称为财产性反生产行为——指员工在未经允许情况下占有或损害组织财物、有形财产，具体包括损害设备、接受回扣、谎报工作时间、偷窃等；轻微的组织导向反生产行为称为生产性反生产行为——指员工违反正式工作描述规范——组织规定员工完成工作的最低质量和数量要求，具体包括早退、延长休息时间、消极怠工、浪费资源等；轻微的人际导向反生产行为称为政治性反生产行为——员工在社会交际中将他人置于不利位置；具体包括偏袒他人、八卦同事、指责同事、无利竞争等；严重性的人际导向偏差称为个体攻击——指员工以攻击或敌对方式对待他人；具体包括性骚扰、言语攻击、伤害同事等。

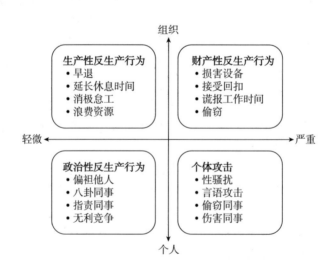

图 2-2　Robinson（1995）反生产行为结构

Bennett 和 Robinson（2000）肯定了按行为对象划分反生产行为的重要性，他们认为，行为对象体现了不同反生产行为间定性差异，而行为严重程度从轻微到严重反映危害程度的连续变化性，描述不同反生产行为的定量差异。他认为严重程度不能区分反生产行为类别，只有行为对象才能区分不同类型的反生产行为，并据此将反生产行为分为人际反生产行为和组织反生产行为（每种类型反生产行为的性质均包括从轻微到严重）。组织反生产行为指直接伤害组织的行为；人际反生产行为指直接伤害组织中个体的行为。并据此开发了反生产行为测量工具，组织反生产行为量表包括 12 个条目，如在工作中花费很多时间幻想或做白日梦，未经允许迟到早退等；人际反生产行为包括 7 个条目，如开同事玩笑、说伤害别人的话、工作中谩骂他人等。经过大量实证研究论证，该量表具有良好的信效度。

Jelinek 和 Ahearne（2006）认为，上述反生产行为适合大多数组织情境，但不适合销售情境，销售人员 30% 的工作时间花在顾客身上，因此，他们不仅可能从事指向组织、组织内成员的反生产行为，也可能从事指向组织外部相关者（如顾客）的反生产行为。据此，将反生产行为分为组织反生产行为、人际反生产行为和一线反生产行为。组织反生产行为指员工违背组织规范，针对组织利益的反生产行为，如利用组织资源为个人谋利益、因个人事情耽误组织工作等；人际反生产行为指员工违背组织规范，针对同事利益的反生产行为，如谩骂同事、批评同事、指责同事、说伤害同事的话等；一线反生产行为指员工针对顾客利益的反生产行为，如销售过程中使用欺骗策略、不遵守顾客服务原则、对顾客态度粗鲁等（Chawla，2014；Jelinek 和 Ahearne，2010）。Jelinek（2006）据此开发了反生产行为的三维量表，组织、人际反生产行为分别包括 5 个条目，一线反生产行为包括 4 个条目。

Gruys 和 Sackett（2003）认为，组织和人际反生产行为应包括更具体的因子，通过对 343 名大学毕业生反生产行为的自评调查，将纳入研究的 66 种反生产行为归纳为 11 类反生产行为，并基于任务相关性和行为目标导向两个维度区分出 11 类反生产行为。维度 1 反映行为的个体——组织导向，与 Robinson 和 Bennett（1995）的划分方式一致，该维度负向区域行为主要指向其他个体的反生产行为，如不当肢体行为、不当言语行为、因缺乏安全情绪而危及他人的行为，均为指向他人的人际反生产行为；酗酒和吸毒既不是伤害其他个体也不是伤害组织利益的行为，在个体——组织导向维度属于中立行为；该维度正向区域行为主要指向组织，如出勤率低、浪费时间和资源、滥用信息、偷窃行为。维度 2 反映行为与任务的关联度，该维度正向区域行为主要指与工作任务相关的反生产行为，一般而言，员工应该参加工作，合理使用时间和资源，认真工作，不从事影响自己和他人工作效率的行为，即此区域包括出勤率、浪费时间和资源、工作质量、不安全行为、酗酒、吸毒等行为；负向区域表示与工作任务不相关的行为，如不当肢体攻击、言语行为、偷窃、滥用信息、破坏财物等行为。

Rotundo 和 Xie（2008）基于任务关联性和个体—组织导向维度，基于中国文化情境探究反生产行为的结构，结果如图 2-3 所示。维度 1 正向区域（象限 1 和象限 4）表示直接影响工作任务的反生产行为，不管其目标指向同事还是指向组织，这些行为妨碍同事完成工作任务或阻碍组织实现目标；维度 1 负向区域（象限 2 和象限 3）表示与日常工作活动没有直接关系的反生产行为，这类行为有损同事和组织利益但不会直接影响工作任务，如性骚扰、偷窃、腐败等行为。维度 2 正向区域（象限 1 和象限 2）表示直接指向同事或其他个体的反生产行为，维度 2 负向区域（象限 3 和象限 4）表示直接指向组织的反生产行为。研究结果表明，反生产行为在中西方文化情境下具有相似的结构维度。

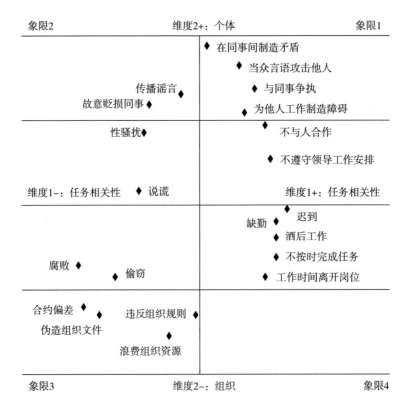

图 2-3 Rotundot 和 Xie（2008）反生产行为结构

Spector 等（2006）认为，不同类型反生产行为的影响因素存在差异，不能把各种反生产行为归纳为同一种类进行研究，因此，他基于反生产行为内容，将反生产行为分为辱虐他人、生产偏差、破坏、偷窃和退缩五种形式，并据此开发反生产行为五维量表。辱虐他人指直接针对同事和其他人的伤害行为，通过制造威胁、负面评价、忽视他人、贬低他人能力造成伤害他人身体或心理的行为。生产偏差指故意不按照规定方法完成工作任务，通过降低工作质量和效率影响组织绩效的行为。破坏指损害属于公司的财物，如降低生产率、破坏组织财产、羞辱顾客等行为。偷窃指员工将公司财产占为己有。退缩指员工不按组织要求时间工作，人为缩短工作时间，如缺勤、迟到早退等行为（Anjum 和 Parvez，2013）。Bashir 等（2012）发现，在公共部门组织中，反生产行为除了包括上述的反生产行为、偷窃和退缩行为外，还包括腐败和滥用时间、资源。其中，腐败是公共组织最严重的反生产行为。

根据反生产行为动机，可将反生产行为分为反应性反生产行为和主动性反生产行为。在社会心理学研究中，因愤怒、负面情绪而激起的攻击行为称为敌对攻击或反应性攻击，这种反应通常是即时的、冲动的，最终目的是伤害别人；而以算计为最终目的的攻击行为称为工具性或主动性攻击行为，此种行为具有蓄意性，不同于一时冲动而为之的行为（Spector，2011）。Bauer 和 Spector（2015）基于行为性质，将 Spector（2006）五维反生产行为划分为主动行为和被动行为，主动行为指员工实施的某种具体行为，被动行为反映员工的不作为。主动反生产行为包括辱虐他人、偷窃、破坏；被动反生产行为包括生产偏差、退缩，以及未被包括在反生产行为中的社会阻抑和恶作剧。

本书将反生产行为维度结构汇总如表 2-2 所示。通过上述文献梳理发现，学者们划分反生产行为的依据主要包括：行为对象、行为具体内容以及行为动机。关于反生产行为的划分标准尚未达成一致意见，基于同一划分标准的反生产行为结构也不一致，但大多数学者肯定了行为对象在区分反生产行为中的作用。

表 2-2　反生产行为结构汇总

划分依据	划分内容	作者（年份）
行为对象、严重程度	生产性、财产性、政治性反生产行为，个体攻击	Robinson 和 Bennett（1995）
行为对象	人际和组织反生产行为	Bennett 和 Robinson（2000）
	人际、组织、一线反生产行为	Jelinek 和 Ahearne（2006）

续表

划分依据	划分内容	作者（年份）
行为对象、任务相关性	安全行为、酗酒、出勤率、工作质量等11类具体行为	Gruys 和 Sackett（2003）
	传播谣言、故意贬损同事、说谎、偷窃四象限21种行为	Rotundo 和 Xie（2008）
行为内容	辱虐他人、生产偏差、破坏、偷窃和退缩	Spector 和 Fox 等（2006）
行为动机	反应性和主动性反生产行为	Spector（2011）
行为性质	主动性和被动性反生产行为	Bauer 和 Spector（2015）

三、反生产行为的理论模型

1. 挫折—攻击模型

根据 Dollard – Miller 挫折—攻击模型（如图 2 - 4 所示），目标行为受阻会使个体产生挫折感，个体通常采用某种程度攻击行为回应挫折状态，攻击程度受到惩罚可能性的影响（Dollard 等，1939）。挫折—攻击模型是理解攻击行为的重要理论基础，但后续研究发现该模型存在一定缺陷：首先，该模型忽视了情感反应在挫折和攻击行为之间的关系；其次，该模型过于机械化，忽视了人格特质和认知过程。Fox 和 Spector（1999）将此模型应用到组织攻击现象，构建挫折事件—情绪反应—行为反应模型，并检验人格特质和惩罚可能性在情绪反应和行为反应过程中的影响效果，弥补挫折—攻击模型的不足之处。挫折事件被理解为阻碍个体实现目标价值和获取高效成果的情境制约因素，情绪反应指个体的挫折感和消极情绪状态，具体包括工作不满意、压抑感、焦虑、愤怒等，员工对挫折经历的行为反应包括降低工作绩效、缺勤、离职、实施组织攻击和人际攻击行为等。挫折—情绪—行为反应模型受到情感特征和控制点的影响，控制点指个体对控制自身行为结果的自信程度，在工作中，内部控制点个体相信他们可以控制报酬，外部控制点个体觉得报酬由他人和运气决定；消极情感特质指个体在不同事件经历和情境中总是趋于消极情感状态，愤怒特质指大部分情境都能激起个体愤怒情感。该模型认为外部控制点和消极情感特质个体更容易感知挫折和实施反生产行为，但惩罚可能性影响个体行为反应，当个体感知伤害组织不会被惩罚时，个体更倾向实施反生产行为。

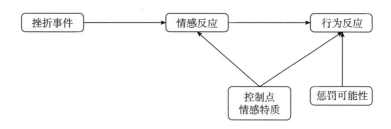

图 2 – 4 挫折—攻击模型

2. 压力—情绪模型

Fox 和 Spector（2005）在挫折—攻击模型的基础上，构建了反生产行为的压力—情绪模型（如图 2 – 5 所示），即环境（压力源）—环境感知/评价—情绪—行为的链式过程，该模型也存在倒因果关系，如反生产行为会激起员工负面情绪，进而通过消极情绪影响员工对环境的感知和评价，但该模型主要研究环境对行为的影响机制。感知压力是模型的最核心因素，它能引起情绪反应进而导致反生产行为，其作用机制类似挫折—攻击模型。值得关注的是，感知压力不同于压力源，环境压力源指能诱发消极情感反应的环境因素，是工作场所客观特征，具体包括组织制约、角色模糊、角色冲突、人际冲突和连续惩罚等。感知压力是主观感受，压力源转化为实际压力的程度受诸多评价因素制约，如个体感知威胁、个体对事件的归因、情境对实现目标的威胁程度等。此外，感知压力及其引发的情绪反应、行为反应还受到个体特质和控制感的影响。控制感至少在两个方面起作用：首先，可控环境可减少压力感知程度，从而降低消极情绪，如当个体能确保如期完成工作任务，便可减少因延期完工带来的焦虑感和紧张感。其次，控制感可影响反生产行为，根据资源保存理论，获取控制感是员工实施反生产行为的重要目的。该模型同时纳入了个体特质的影响效果，与挫折—攻击模型不同，该模型认为人格特质不仅影响情绪反应和行为反应，也影响感知压力，且人格特质不仅局限于愤怒、消极情感等情感特质和控制点，还包括责任性、宜人性、情绪稳定性、外倾性和经验开放性等人格特质。该模型不是揭示反生产行为触发机制的唯一路径，但是理解反生产行为的重要理论模型（Spector 和 Fox，2002）。

3. 因果推理模型

Martinko 等（2002）通过梳理前人研究成果，基于期望理论、补偿理论和社会学习理论构建了反生产行为的因果推理模型（如图 2 – 6 所示），该模型认为反生产行为源于个体因素和环境因素的复杂交互作用，个体对环境因素的因果推理诱发其行为选择。从信息加工视角而言，员工反生产行为的影响因素包括两个过程：①个体对结果的评价过程；②个体对结果的归因过程。个体对结果的评价过

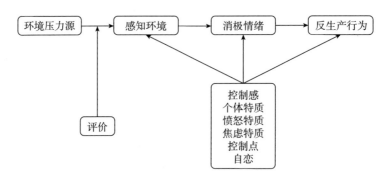

图 2 – 5　压力—情绪模型

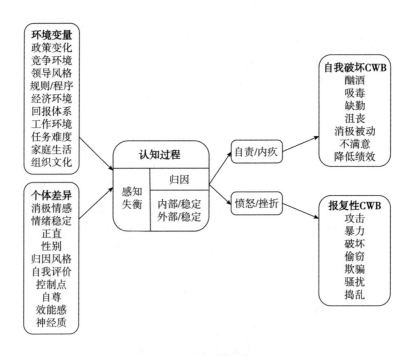

图 2 – 6　因果推理模型

程包括多种方式，如感知不平衡、感知不公平、感知不平等、感知失败等。现有研究一致认为，感知失衡是反生产行为的重要认知因素，而归因过程是预测不同形式反生产行为的重要变量，因此，该模型主要揭示归因过程对反生产行为的影响效果。诸多理论可解释因果推理过程对反生产行为的影响机制，但归因理论是最系统、最全面的理论基础。归因理论解释了同样面对消极结果，为何有人选择实施报复他人的反生产行为，如偷窃、欺骗，而有人选择伤害自己的反生产行为，如酗酒、吸毒。根据归因理论，内部归因风格通常导致沮丧感、无望感，外部归因风格通常导致报复倾向、愤怒感。而归因稳定性影响期望，如果个体将负面结果归因于稳定因素，该行为被认为会继续发生；如果个体将负面结果归因于偶发因素，该行为被认为不会继续发生。因此，当个体对负面结果进行不稳定归因，不管是内部归因还是外部归因，个体都不会实施反生产行为；当个体对负面结果进行内部稳定归因，如能力欠缺，个体将会体验到无助感，从而实施自我伤害反生产行为，如酗酒、吸毒等；当个体对负面结果进行外部稳定归因，如嫉妒、同事恶意，个体可能会采取某种形式的报复性反生产行为，如攻击行为、反生产行为等。该理论认为，个体因素和环境因素通过认知过程影响员工反生产行为，而归因过程影响反生产行为类型选择，具体而言，内部稳定归因通过自责/内疚产生自我破坏性反生产行为；外部稳定归因通过愤怒/挫折产生报复性反生产行为。

4. 自我控制视角

犯罪行为研究发现，"避免长期损失超过短期利益"这一特征，又称自我控制，是解释犯罪行为的核心因素，此外，情景变量、机会和情境控制是犯罪行为的必要条件。Marcus 和 Schuler（2004）指出，反生产行为的研究横跨社会学、心理学和经济学等多个学科，学者们基于多种理论解释反生产行为的触发机制，但缺乏对反生产行为影响因素的系统整合，因此，Marcus（2004）等基于自我控制视角整合不同因素对反生产行为的影响。他将与自我控制有关的反生产行为预测因素分为两类：一类是个体和情境因素，它们在多数研究中被提及，可解释反生产行为大部分变异量；另一类是动机和控制因素，动机理论认为某种形式的外部压力或内部倾向驱使犯罪行为，控制理论认为犯罪行为不需要解释。基于个体—情境、动机—控制，将反生产行为的影响因素分为四类：①诱发（情境—动机）。诱发指导致反生产行为的外部事件或对此类事件的内部感受。如降低薪酬会使组织中偷窃行为增加，与员工就减薪事件进行充分沟通可减少此类行为，说明感知公平（沟通）和诱发事件（减薪）同样重要。具体而言，诱发类因素包括：公平感、工作满意度、挫折感和压力等因素。②机会（情境—控制）。机会指抑制员工反生产行为的任何情境或对情境的感知状态，如限制个体实现期望结果或给予个体负面结果。具体包括：个体工作自主权、团队范式、团队制裁、组织氛围、组织政策，甚至宏观经济变量，如失业率等因素。③内部控制（个体—控制）。内部控制指能够抑制反生产行为的个体稳定性差异。大量个体特质变量，包括自我控制，可以解释反生产行为，如责任性体现个体可靠程度，强化个体服从规范，从而抑制反生产行为。此外，内部控制因素还包括情绪稳定性、对待反生产行为的态度、一般自我概念、认知能力和信任等因素。④倾向（个体—动机）。倾向指为实现期望结果或使行为对高端特质个体更具吸引力而实施反生产行为的任何稳定性个体差异，如兴奋、寻求刺激、宜人性、马基雅维利主义等因素。

Marcus（2004）基于个体—情境、动机—控制视角，系统整合反生产行为的影响因素，该模型整合了解释反生产行为的多数理论和影响因素。需要注意的是，上述四种分类不是因子结构，仅是基于逻辑视角整合反生产行为的预测因素。

5. 抗议模型

Kelloway 等（2010）认为，反生产行为是组织成员表达不满和尝试弥补组织不公的一种抗议方式。根据社会抗模型，个体抗议受以下三个因素影响：感知不公、感知工具性、群体认同。感知不公是个体抗议的必要起点，组织不公包括程序不公、人际不公、分配不公，以往组织公平研究主要聚焦于特定目标视角。但员工既可能抗议自身不公平遭遇，也可能抗议其他成员不公遭遇。感知工具性或有效性不仅包括纠正偏差，也包括恢复公平，反生产行为可视为员工对现状不满意的情绪表达，以期引起人们对不公平现状的注意。认同指个体作为社会团体一员的自我概念，以及对其成员的价值和情感依附，组织是员工自我界定的重要来源，个体也可能认同嵌入组织中的群体，如其所在部门和团队。员工反生产行为必须同时满足两个条件：对不公平受害者或团队具有认同感；同时，对不公平实施者缺乏认同感。

通常反生产行为的攻击对象包括组织和个体，反生产行为的实施对象包括个体和团体，根据抗议行为的三个要素以及反生产行为的主客体，不同形式反生产行为具有不同的影响因素。个体针对组织的反生产行为既可能抗议自身不公平经历，也可能抗议其认同个体或团队的不公平遭遇，如偷窃、破坏、退缩，目的是获取公平感或伤害组织。集体针对组织的反生产行为由团队成员共同实施，他们对组织缺乏认同感，但对团队成员的认同程度较高，他们通过罢工、延长午餐时间、破坏、偷窃等行为改善团队成员不公平遭遇，或引起人们对不公正经历的关注。个体针对个体的反生产行为动机包括：强迫他人顺从、纠正冤屈、树立形象和名声，如人际攻击、欺凌等行为，此类行为实施者通常缺乏对受害者的认同感。集体针对个体的反生产行为目标对象要么是不公平实施者（如暴君领导），要么是群外成员，如围攻和欺凌行为，此类行为的实施者一般认同团体，不认同受害者。

6. 工作需求—资源模型

工作需求指工作情境需要员工耗费情感、认知和心理等资源，如组织不公、角色模糊、角色冲突、人际冲突、组织制约、工作超载等情境。因满足工作需求耗尽生理、心理资源而导致无法完成基本工作任务时，工作需求便成为压力源。工作资源指帮助员工缓冲资源耗竭的有形和无形因素，包括同事支持、领导支持、自我效能感（Demerouti 等，2001；Smoktunowicz 等，2015）。根据资源保存理论，员工在资源需求情境下，有重获、保存资源或是减少资源耗竭的需求，因此，当员工处于上述工作需求状态时，可能会通过反生产行为削减负面情感，从而保存情感、心理资源（Hobfoll，1989），即反生产行为是员工应对工作需求、保存资源的重要途径。根据工作需求—资源模型，工作资源可以缓冲工作需求对员工造成的负面影响，工作资源可以弥补或减少员工在工作中所消耗资源，抑制员工为保存资源而实施反生产行为。

四、反生产行为的影响因素

1. 个体因素

（1）员工人格特质。管理科学的一个长期目标是构建人格特质对工作行为的影响模型，大五人格是被普遍接受的人格特质研究模型。大五人格包括外倾性、宜人性、责任性、神经质、经验开放性，外倾性指对他人和外部世界充满兴趣，对未知世界充满冒险精神；宜人性指融入其他人群，与他人友好相处的程度；责任性指控制、管理冲动，如行动前思考、遵守规范、计划；神经质指缺乏积极心理调节能力、情绪稳定性较低；经验开放性指个体对新事物、新方法的接受程度（McCrae 和 Paul T.，1997）。研究发现，大五人格对各种形式反生产行为具有显著的预测效果。Chang 和 Smithikrai（2010）研究发现，外倾性、宜人性、责任性、神经质、经验开放性对反生产行为均有显著的预测作用，分配公平、人际公平和组织公平行为在其作用过程中起调节作用。组织公平行为创造了同事之间互助的和谐组织氛围，使员工对工作和组织充满感情，组织公平能有效抑制员工反生产行为。研究表明，不同人格特质对不同形式反生产行为的影响效果存在差异，宜人性、责任性对反生产行为的影响效果最强。大五人格中，宜人性被认为是人际特质，因此，宜人性对人际反生产行为的影响最强；责任性与任务绩效的关系最强，因此，责任性对组织反生产行为的影响最强（Berry 等，2007；Mount 等，2006）。Bolton 等（2010）研究发现，责任性只能预测破坏、偷窃两种反生产行为；外倾性能预测偷窃行为；经验开放性可以预测生产偏差行为。

Lee 和 Ashton（2004）在大五人格基础上增加了诚实—谦虚人格特质，构建了 HEXACO 人格模型。Oh 等（2011）认为，现有研究聚焦于大五人格对反生产行为的影响，忽视了诚实—谦虚人格特质。诚实—谦虚指真诚、公平地与他人相处、合作，与马基雅维利主义、自恋等"黑暗人格"相对立。诚实—谦虚的员工更谦逊、忠诚，更善于同他人合作，因而他们实施反生产行为的倾向更低。研究结果证实，诚实—谦逊与反生产行为显著负相关，且员工外倾性越高，其负效应越强。核心自我评价指人们对自身价值、能力的基本评价，是一般性的潜在人格特质，被视为预测绩效的最有用人格特质。核心自我评价越高，个体越容易从社会交际活动中获取资源和控制感，从而反生产行为倾向越小。研究证实，核心自我评价对反生产行为具有显著的预测作用，情绪耗竭、领导信任在其过程中起中介作用（Neves 和 Champion，2015）。竞争特质指个体参与人际竞争活动的内在意愿，高竞争特质者更易将他人视为竞争威胁，与他人合作意愿低（Kelley 和 Stahelski，1970）。Jelinek 和 Ahearne（2010）研究了销售人员竞争特质与反生产行为关系，结果发现，竞争特质与人际反生产行为显著正相关。

（2）员工情感因素。情感是影响员工行为的重要变量，大量文献致力于研究负面情感与反生产行为关系。负面情感反映个体对诸如敌对、害怕和焦虑等负面情绪的经历程度，负面情绪高的个体通常对负面事件更敏感，对外界的认知更消极，更有动机从事负面行为，以达到减少、控制负面情绪之目的（Cropanzano 等，2003；Douglas 和 Martinko，2001）。大量研究发现，负面情绪与反生产行为显著正相关（Yang 和 Diefendorff，2009；Hershcovis 等，2007）。Samnani 等（2013）认为，负面情绪与反生产行为关系受到道德脱离和性别的调节作用，道德脱离指个体从事与道德标准不符行为不会感到自责或内疚（Detert 等，2008），因此，道德脱离水平越高，负面情绪与反生产行为的正向关系越强。根据关系理论，女性建立、维持人际关系的欲望更强（Schminke 等，2003），因此，女性实施反生产行为倾向更低，结果证实，反生产行为受到负面情绪、道德脱离和性别的三维交互影响。

Bauer 和 Spector（2015）认为，现有研究主要聚焦于愤怒、焦虑等负面情绪对反生产行为的影响效果，忽视了嫉妒、妒忌、厌倦等其他消极情绪。他系统地研究了愤怒、嫉妒、妒忌、厌倦、羞辱、焦虑和悲伤七种离散情绪对反生产行为的影响效果，同时，根据反生产行为具体内容将其分为生产偏差、退缩行为、辱虐他人、偷窃、破坏、社会阻抑和恶作剧七种形式，并将前两种行为概括为被动型反生产行为（不作为行为），将后五种行为概括为主动型反生产行为（主动出击行为）。结果发现，愤怒、嫉妒、妒忌、厌倦对主动型反生产行为的影响强于被动型反生产行为；羞辱对辱虐他人的影响强于生产偏差，对社会阻抑的影响强于退缩行为；悲伤对辱虐他人、社会抑制、恶作剧的影响强于生产偏差和退缩行为，对偷窃行为的影响强于生产偏差；但焦虑对七种反生产行为的影响不存在差异。情绪管理能力指个体管理自己或他人情绪的能力，高情绪管理能力者的社会关系更积极，在工作中从事亲社会行为的倾向更大（Day 和 Carroll，2004）。研究证实，情绪管理能力对反生产行为具有显著的负面效应（Kluemper 等，2011）。

（3）员工心态认知。心理契约指员工对雇员和雇主间相互义务的看法，根据控制理论，当员工发现雇主对他们所做承诺与自己实际经历存在不一致时，他们将试图通过消极行为减少或消除不平衡（Carver 和 Scheier，1982）。心理契约破坏有损雇员对组织的信任程度，雇员会寻找新途径满足自身期望（Turnley 等，2004；MatthijsBal 等，2010）。因此，当组织违背心理契约时，雇员将通过反生产行为向组织表达不满情绪，研究证实，心理契约破坏与反生产行为显著正相关（Hussain，2014）。Jensen 等（2009）研究了不同类型心理契约与反生产行为之间关系，根据社会交换理论的交易性交换和关系性交换，心理契约可分为交易心理契约和关系心理契约，交易心理契约指雇主与雇员在特定时间内的经济性交换关系（如有竞争力的薪酬）；关系心理契约指专注维护长期雇佣关系的非经济性协议（如培训与发展）。结果发现，交易心理契约破坏仅影响辱虐他人，关系心理契约破坏与辱虐他人、生产偏差、退缩三个维度显著正相关；交易心理契约破坏与辱虐他人之间关系受到问责政策和宜人性的调节影响；关系心理契约破坏与生产偏差之间关系受到预防偷窃政策和责任性的调节影响；监管政策调节关系心理契约对退缩行为的影响。除心理契约外，工作满意度是影响员工反生产行为另一重要心理因素，研究发现，工作不满意感对组织反生产行为、人际反生产行为均具有显著的预测作用（Hershcovis 等，2007）。

不同于外显态度采用传统问卷测量，内隐态度是自动激活评价，不受被试控制，他们甚至不认为自己表达了态度，因此，内隐态度反映个体真实态度，对社会敏感问题的预测效果更好（Greenwald 等，2009）。为此，Law 和 Zhou（2013）同时研究内隐和外显态度对反生产行为的影响效果，作者通过问卷调研方式获取员工对待反生产行为的外显态度，通过内隐联想测试获取员工内隐态度，并采用自评和领导评价两种方式测量反生产行为，结果发现，外显态度对自评反生产行为具有显著的预测效果，内隐态度对领导评价反生产行为具有显著的预测效果。

伦理判断是指导个体或团队获取、使用、处理商品和服务等行为的道德准则和标准（Muncy 和 Vitell，1992）。高道德信念者在乎他人的幸福，抵制对他人具有潜在伤害的行为，低道德信念者更可能违背组织规范，从事不道德行为。伦理判断包括四种形式：①"从不法活动主动获利"，指通过被公认的违法行为获利；②"牺牲他人利益被动获利"，指利用他人的过错获利，如遇到服务员少算钱不说；③"从有质疑行为主动获利"，指从事某些不违法的欺骗活动；④"无伤害"（Muncy 和 Vitell，1992）。Liu 和 Ding（2012）认为，除"无伤害"伦理判断，其他三种伦理判断均对反生产行为具有显著的正效应。结果证实，"从不法活动主动获利""从有质疑行为主动获利"伦理判断与人际反生产行为显著正相关，感知组织支持负向调节"从有质疑行为主动获利"伦理判断与人际反生产行为的正向关系，"牺牲他人利益被动获利"伦理判断与人际反生产行为关系不显著，但人际公平和"牺牲他人利益被动获利"伦理判断对反生产行为存在显著的交互作用；"从不法活动主动获利""牺牲他人利益获利"伦理判断对组织反生产行为具有显著的正效应。

根据动机理论，动机通常分为趋近动机（approach motivation）和逃避动机（avoidance motivation），趋近动机指行为激活系统，高趋近动机需要外部刺激，表现为冲动、寻求刺激、追求目标等；逃避动机指行为抑制系统，高逃避动机倾向远离负面刺激源，表现为远离威胁情境，伴随焦虑、消极情感等特征（Elliot 和 Thrash，2002；Torrubia 等，2001）。Diefendorff 和 Mehta（2007）在现有研究基础上，将动机分为逃避动机和趋近动机，其中，趋近动机包括个体成熟度（Personal mastery）、竞争卓越（Competitive excellence）、行为激活系统三个方面。个体成熟指追求高层次的成就、学习和绩效，表现为有野心、工作努力、寻求挑战（Kanfer 和 Ackerman，2000），拒绝对工作绩效有负面效应的行为；竞争卓越表现为个体喜欢竞争、希望超越他人、脱颖而出，为实现个人利益可以伤害他人利益（Heggestad 和 Kanfer，2000）；行为激活系统指个体喜欢追求刺激性的新鲜活动（Carver 和 White，1994），而反生产行为有悖常规，存在被捕捉风险。因此，Diefendorff 认为，上述四种动机均对反生产行为具有显著的影响效果，结果发现，行为激活系统和个体成熟度对人际反生产行为具有显著的影响效果；行为激活系统、个体成熟度、逃避动机对组织反生产行为具有显著的影响效果。

2. 情境因素

（1）领导因素。领导是影响员工行为的重要因素，根据社会交换理论，当员工从领导那里获取支持、信任或其他有形、无形利益时，员工会以适当的态度、行为回报领导；相反，当领导与员工之间关系质量较差，领导对待员工态度粗鲁、不友好，员工则会通过负面行为报复领导。学者们研究了不同领导风格对反生产行为的影响机制。Avey 等（2011）基于行为可塑理论，认为领导方式与员工行为间关系受员工个体差异影响，结果证实，道德领导对反生产行为具有显著的负效应，员工自尊在其作用机制中起调节作用。Van Gils 等（2015）研究发现，员工道德意识在道德领导与反生产行为关系中起调节作用，员工道德意识越强，员工对领导行为的道德线索越敏感，因而，员工道德意识越强，在道德领导情境下实施反生产行为的倾向越低。

更多学者从不同理论视角研究了负面领导行为对反生产行为的作用机制。根据社会交换理论，领导消极行为有损组织公平感和领导成员关系质量，Wang 等

（2012）研究发现，不当督导通过人际公平的中介作用影响组织反生产行为、同事导向反生产行为和领导导向反生产行为，员工权力距离越低，不当督导导致的人际不公平感越强。黄丽和陈维政（2014）研究发现，领导成员交换关系质量在滥权监管影响人际反生产行为、组织反生产行为过程中起中介作用。根据社会认同理论，领导是组织代言人，领导负面行为不仅有损员工对领导的认同感，也影响员工对组织的认同感，颜爱民和高莹（2010）研究发现，组织认同感是不当督导影响组织、人际反生产行为的重要路径。根据资源保存理论，领导负面行为需要耗费员工更多情感、认知资源，Wheeler 等（2013）研究发现，不当督导通过情绪耗竭路径影响同事导向反生产行为。根据情感事件理论，领导行为是诱发员工情绪的重要因素，员工行为受员工情绪影响；Kim 和 Shapiro（2008）在此基础上，从自我不确定视角，分析了领导苛待影响反生产行为的中介—调节作用机制，能力不确定指工对自身能力的认知水平，能力不确定性越高，越看重领导对待自身的态度、行为（Aquino 和 Douglas，2003）。结果发现，领导苛待能引发员工敌对情绪，进而导致组织反生产行为和领导导向反生产行为，员工能力不确定性越高，对领导苛待的敌对情绪越强。

（2）工作因素。根据压力—情绪模型，工作压力是反生产行为的重要诱因。Fida 等（2014）研究了工作压力影响反生产行为的情感、认知路径。道德分离指在心理上改变对不正当行为、偏差行为、反社会行为负面本质的认知，从而减少个体实施此类行为的内疚和羞愧心理，道德脱离使个体将不道德行为合理化为压力应对策略（Paciello 等，2013）。工作压力包括人际冲突、组织约束、工作载荷、缺乏自由裁量权、缺乏支持五个方面。结果发现，人际冲突、缺乏支持与人际反生产行为显著正相关；组织约束、缺乏支持与组织反生产行为显著正相关；人际冲突、组织约束、工作载荷、缺乏支持通过消极情绪中介作用影响组织反生产行为，通过消极情绪影响道德脱离，进而影响人际反生产行为、组织反生产行为；缺乏支持通过道德脱离的中介作用影响人际、组织反生产行为。Chiu 等（2015）研究发现，角色冲突与人际反生产行为显著正相关，角色超载对人际反生产行为的影响不显著，但角色超载与同事支持对人际反生产行为的交互效应显著；角色冲突、角色模糊、角色超载均对组织反生产行为具有显著的预测作用，工作不满意在角色模糊与反生产行为关系中起中介作用（Walsh，2014）。安全性是工作满意度的基本要素，研究发现，工作不安全会降低工作满意度，进而导致反生产行为（König 等，2010）。

工作设计对员工心态具有深远影响，工作特征模型包括：任务多样性、任务一致性、任务重要性、任务自主性和工作反馈五个方面，是激发个体高效工作的内在动机，能增加员工积极态度和行为，减少消极心态（Cropanzano 和 Mitchell，

2005；Mishra 和 Spreitzer，1998）。工作投入是组织行为领域重要的动机构念，工作投入意味着员工对工作专注、依附、充满激情，员工工作投入度越高，工作情绪越积极，消极应对组织的倾向越小（Avey 等，2008）。研究证实，任务多样性、任务自主性、任务重要性、工作反馈均会通过工作投入的中介作用影响反生产行为（Shantz 等，2013）。此外，工作时间和意义也会诱发反生产行为，根据控制理论（Francis 和 Wonham，1976），长时间工作会使员工感觉自由被剥夺，若员工对自由失去控制感，会产生愤怒情绪，进而希望通过负面行为获取平衡感，而工作意义可缓解员工此种心理。工作意义是员工高效投入工作的心理条件，当工作充满意义时，员工易将长时间工作视为完成重要任务的必要条件（May 等，2004）。结果证实，工作时间和工作意义对人际、一线（顾客导向）反生产行为具有显著的交互效应（Jelinek 和 Ahearne，2010）。

（3）组织因素。组织公平是预测员工反生产行为的核心要素之一（Bennett 和 Robinson，2000），根据互惠原则，员工与组织之间是一种交换关系，双方力图保持关系平衡，组织不公有损员工与组织间平衡关系，使员工对组织产生不满和愤恨情绪，为平衡与组织间关系，员工将改变自身行为或态度，通过伤害组织及其成员行为回击组织不公，重获平衡感（Gouldner，1960）。这也符合报复正义理论—惩罚公平破坏者有利于平衡被害者的公平感（Carlsmith 等，2002）。大量研究证实，组织不公对反生产行为具有显著的预测作用。Zribi 和 Souaï（2013）认为，组织不公破坏了员工与组织之间心理契约关系，结果证实，人际不公通过关系心理契约影响人际反生产行为；程序不公通过交易心理契约影响组织反生产行为；分配不公通过交易心理契约影响组织反生产行为。组织不公作为员工压力的重要来源，直接威胁员工自尊和幸福感，研究证实，压力、自尊威胁、不满意也是组织不公影响员工反生产行为的重要路径（Nasurdin 等，2014；Judge 等，2006；Ferris 等，2012）。价值观影响理论认为，个体价值观影响员工对不公平的心理反应及行为表现。研究证实，员工伦理价值观和公平价值观可以弱化组织公平对反生产行为的影响效果（Holtz 和 Harold，2013；Wu 等，2014）。

此外，组织特征和组织精神对员工行为具有重要的引导作用。Chawla（2014）系统研究了组织精神特征对员工反生产行为的影响效果，他认为组织精神包括：仁慈、成长性、人道主义、正直、公平、相互依赖、接受、尊重、责任和信任。仁慈性指组织善待员工，关注员工的福祉和成功；成长性指组织注重开发员工，促进员工成长；人道主义指组织力图为人们提供更多福利，肯定每个个体的能力和价值；正直指组织严格遵守法律法规和组织规范；公平指组织决策程序和结果的公正性；相互依赖指组织对员工的吸引力，员工对组织的归属感和依赖感；尊重指组织尊重员工，肯定员工价值，以礼貌的方式沟通、处理冲突；责任指不畏艰难坚持实现目标；信任指组织注重员工需求，使员工可以安心依靠组织。Chawla（2014）从理论视角论证上述组织精神对员工反生产行为的抑制作用。此外，组织为员工能力发展提供机会和支持，重视员工的贡献、关心员工的幸福，能有效预防员工反生产行为。研究证实，感知组织发展和组织支持与反生产行为显著负相关（Colbert 等，2004）。组织某些特征也会诱发反生产行为，如组织官僚主义、烦琐的科层制管理方式，使员工无法通过有效的方式表达不满，助长了员工通过反生产行为诉诸权力。此外，在反生产行为的研究中不可忽视组织竞争机制，组织竞争有可能产生嫉妒，导致人际混乱和员工之间的明争暗斗。研究证实，官僚主义与人际、组织反生产行为显著正相关；组织内竞争与人际反生产行为显著正相关（Jelinek 和 Ahearne，2006）。

（4）外部因素。除组织内部因素外，员工反生产行为还受到组织无法控制的外部因素影响，如工作家庭冲突、顾客行为。由挫折—攻击模型、压力—情绪模型和资源保存理论可知，员工在工作场所及非工作场所的个体经历影响其情感、心态和行为。根据资源保存理论，员工资源包括自尊、自豪、能量、时间、技能和知识等，顾客冲突、工作家庭冲突是员工压力重要来源，工作压力会导致员工资源减少或耗竭，从而使员工失去自控能力或克服自私、冲动的能力，为保持资源平衡或最小化资源消耗而从事一些违反组织规范或他人利益的不正当行为（Muraven 等，1998；Hobfoll，1989；Hobfoll，2001）。Swimberghe 等（2014）基于销售人员的研究发现，工作家庭冲突是员工实施人际、组织、顾客反生产行为的重要预测因素，工作压力在其作用过程起中介作用。大量研究证实，顾客不当对待或顾客不公是员工实施顾客导向反生产行为的重要因素，顾客负面行为主要通过员工不满、情绪耗竭、情绪失衡等路径影响顾客导向反生产行为（Walsh，2014；Hunter 和 Penney，2014）。此外，部分学者研究了顾客不当行为影响员工反生产行为的边界条件。Shao 和 Skarlicki（2014）研究发现，员工个体主义越高，顾客不当对待与员工顾客导向反生产行为的正效应越强。而 Ho 和 Gupta（2014）的研究有悖传统观念，他认为领导支持说明领导站在实施报复行为员工一方，让员工感觉报复行为是应对顾客不公的一种合法策略，从而降低了员工实施报复行为的社会成本（如社会不满、公众谴责），因此，领导支持可以增强员工报复行为。结果证实，当领导支持处于高水平时，顾客人际不公与员工顾客导向反生产行为显著正相关；当领导支持处于低水平时，顾客人际不公与员工顾客导向反生产行为显著负相关。

五、研究述评

1. 概念界定

现有文献中，学者们使用不同术语描述反生产行为，如偏差行为、攻击行为、报复行为等，Robinson（2008）认为，这些术语在本质上实为同类行为，学者们因研究领域或地域差异而采用不同术语。如"反生产行为"主要为工业和组织心理学领域构念，组织行为学家多采用"工作场所偏差"构念，而欧洲心理学家对"工作场所欺凌"更感兴趣。缺乏对反生产行为概念的统一界定，在一定程度上导致了重复性研究。此外，现有学者对反生产行为的结构也存在不一致意见，有学者基于反生产行为内容划分结构；有学者基于反生产行为攻击目标划分结构；有学者基于反生产行为动机划分结构。即使基于同样标准划分反生产行为结构，基于不同背景的研究结论也不一致。反生产行为结构的不一致不利于我们深入揭示、了解反生产行为的触发机制，制约了反生产行为研究的实用价值。研究发现，不同形式反生产行为影响因素存在差异，以人际和组织反生产行为为例，研究发现，情感因素对人际反生产行为的影响效果更强；认知因素对组织反生产行为的影响更强（Lee 和 Allen，2002）。未来研究应注重研究反生产行为结构，为深入揭示反生产行为触发机制奠定基础。

2. 影响因素

现有研究基于员工和工作视角分析反生产行为的影响因素，缺乏对组织内外因素的关注。员工反生产行为既可以指向组织内部，如组织、领导、同事，也可以指向组织外部，如顾客、家庭成员。同样，反生产行为的影响因素既包括组织内部因素，领导因素、同事因素、组织因素，也包括组织外部因素，如家庭因素、顾客因素、经济社会因素。而现有研究多为组织内部因素对组内目标导向反生产行为的影响效果，如领导因素、组织因素对领导导向、组织导向反生产行为的作用机制，或组外因素对组外目标导向反生产行为的影响效果，如顾客虐待对顾客导向反生产行为的作用效果。缺乏对组织内外反生产行为影响因素的全面、系统的研究，如组织内因素（组织外因素）是否对组织内外目标导向反生产行为均有显著的影响效果？如领导因素是否既能导致组织内目标导向反生产行为（组织、领导导向反生产行为），也能导致组织外目标导向反生产行为（顾客导向反生产行为）？因此，未来研究应从组织内外视角去区分反生产行为，以及反生产行为的组织内外影响因素，尤其是在工作边界越来越模糊的互联网时代，我们应从多视角去探究反生产行为的影响因素和辐射对象。

3. 研究设计

现有研究多采用横截面研究，属于静态研究设计，忽视了反生产行为随时间变化的动态特征。然而，不同个体表现出不同程度的反生产行为，即使同一个体，每天从事反生产行为频率也不一样，即反生产行为既存在个体间差异，也存在个体内差异。Judge 等（2006）认为，个体内差异至少可解释反生产行为 50%的变异量，忽视反生产行为个体内差异将制约反生产行为研究的实用价值。此外，组织行为是嵌入在多个层次之中的复杂现象，因此，未来研究可采用经验样本法、日记研究法等个体内设计研究反生产行为的动态作用机制，同时纳入个体间研究设计，探究不同个体因素、组织因素对员工反生产行为的跨层影响效果。

第三节 不当督导影响反生产行为的理论基础

一、社会交换理论

社会交换理论是理解工作行为最具影响力的概念范式（Cropanzano，2005），是揭示不当督导与反生产行为关系的支柱理论。社会交换理论试图解释以互惠或偿还原则为指导的资源交换关系。该理论认为，在工作场所中，个体基于交换理念发展人际关系（如我给你某些东西，而后你也给我某些东西），一方行动取决于另一方行动（Gouldner，1960）。互惠原则是社会交换理论的重要原则，互惠作为行为规范，引导社交范式，既包括积极范式，也包括消极范式。大多数组织研究立足于互利人际关系，即积极互惠原则——当领导以尊重、关心的方式对待员工时，作为回报，员工将努力工作，以积极的态度对待工作，在工作中关心他人（Harris 等，2013a）。组织中也存在消极交换关系，根据消极互惠原则，员工可能会以不正当行为应对其与不同组织对象之间的低质量交换关系，受伤害员工会以消极行为回击施害者（Biron，2010）。不当督导指领导以粗鲁、敌对、公开批评、大声说话、大发雷霆的方式对待下属（Tepper 等，2007）。在不当督导情境下，员工更少感知组织支持、对组织承诺和认同度降低，对领导的敌对情绪增强。不当督导会引发员工报复领导、伤害组织及其他人员的反生产行为，基于社会交换理论的研究发现，不当督导主要通过组织支持感、组织认同、情感承诺、心理契约、领导成员交换关系、敌对情绪影响员工反生产行为（Tepper 等，2008；黄丽和陈维政，2014；Shoss 等，2013；Lian 等，2014a）。

二、抗拒理论

抗拒理论是理解员工应对不当督导的重要理论之一。个体认为他们应该行动自由，行动自由有助于个体界定自我身份，构建对环境的控制感。威胁或减少行动自由的事件会激发个体重获自由的抗拒动机，自由行动的重要性及威胁程度决定抗拒水平（Ahmad 和 Omar，2013）。抗拒理论揭示了自由行动受到限制、控制感受到威胁时的个体反应（Wright 和 Brehm，1982），既包括积极反应，也包括消极反应。积极反应指受害者通过积极解决问题重获控制感，如沟通、向上级反馈；消极回应指受挫折个体通过从事自主性消极行为平衡控制感，如迟到早退、偷窃、破坏财物等（Mitchell 和 Ambrose，2012a）。个体希望构建、维持对所处环境的控制感，当个体感知行动受到限制或不正当控制时，他们会试图消除限制、恢复自由和控制感，从而引发抗拒反应。抗拒行为包括三个过程：①个体感知到行为受限或个体行为受到不正当控制；②个体抗拒状态被激活；③个体消除或平衡受限情境（Brees 等，2014）。根据上述分析，反生产行为是个体在威胁情境下表达敌对情绪的重要方式。不当督导者以粗鲁、无礼、敌对方式对待员工，无视员工利益与诉求，营造出严肃、紧张的工作氛围，使员工失去控制感。因此，不当督导使员工感知自由行为被限制，从而激发员工的抗拒反应，而破坏组织及其成员的反生产行为有助于员工平衡控制感。部分研究发现授权可以削弱不当督导对反生产行为的影响效果（Brees 等，2014；Mitchell 和 Ambrose，2007），因为授权行为可以增强员工对工作环境的控制感（Mackey 等，2014）。

三、社会学习理论

社会学习理论认为，我们的行动受我们所处的环境影响，我们通过观察他人的情绪、态度、行为，学习哪种行为、态度是被特定社会情境所接受和支持的。学习他人行为是有益的，可以避免亲自学习的试验和错误。在生活中，这种模型过程（modeling processes）无处不在（Bandura 和 McClelland，1977）。人们大部分复杂反应均是习得性表现，有意或无意中都受到榜样的影响，大部分模型过程发生在无意识层次，因此，个体甚至尚未感觉到他们在学习、模仿他人行为（Cheng 和 Chartrand，2003）。当个体发现某些社会榜样从事这些行为，不管该行为是建设性行为，还是破坏性行为，他们都将这些行为视为适当行为，并从事类似行为，即组织负面行为将导致员工负面行为（Mitchell 和 Ambrose，2012a）。Restubog 等（2011）认为，个体长期处于攻击情境中，其行为模型更趋于攻击性，他们虽然也接受其他行为，但更倾向于采用攻击行为。领导在组织中拥有正式权力和地位，是规范、奖励和惩罚员工行为的重要来源，是员工观察、学习、模仿对象（Ogunfowora，2010）。因而领导行为更易成为下属行为的典范，组织代理者（领导）展现的行为能塑造组织中的行为模型（Bandura，1979）。不当督导营造了一种攻击氛围，被不当督导员工易将攻击、报复行为视为组织规范，进而滋生员工反生产行为（Mitchell 和 Ambrose，2007）。研究证实，员工反生产行为是对领导不当督导行为的学习、模仿成果（Mawritz 等，2014；Lian 等，2012a；Restubog 等，2011）。

四、资源保存理论

资源保存理论认为，资源消耗是压力源的主要成分，可全面解释个体在压力环境下的行为表现。资源保存模型的基本原则是人们试图构建、保护、保留对他们具有实际或潜在价值的资源。这些资源包括物质（房屋）、个体特质（自尊、自信）、条件（婚姻、资历）和精力（时间、金钱、知识）。此外，社会关系、社会支持也被视为重要资源，他们在某种程度上为保护有价值资源提供方便，或损害个体资源。资源损耗重要性主要体现在两个方面：①资源对人们具有工具性价值；②资源具有象征性价值，有助于人们界定自我构念（Hobfoll，1989）。当个体资源受到损耗或威胁时，个体倾向于采取行动以避免资源继续损失。在组织中，领导掌控着薪酬、福利、晋升等众多重要资源，领导支持有助于员工升职加薪、增强自尊、自信，有助于员工实现众多工具性价值和象征性价值，因此，领导支持对员工行为态度具有显著的影响效果。Hobfoll（2001）认为，资源损耗比资源获取的影响效果更强，即消极事件和积极事件的影响效果是不对称的，消极事件对人们心理、认知、情绪、社会反应的作用效果更强。所以，不当督导作为消极领导行为对员工影响更强，不当督导行为破坏了领导与员工关系，为表达不公平遭遇，员工需耗费更多认知资源，而反生产行为有助于员工恢复控制感，减少资源损耗。基于资源保存理论的研究证实，不当督导与反生产行为显著正相关（Avey 等，2014；Ahmad 和 Omar，2013）。

五、替代攻击理论

领导—员工存在权力、地位差距，直接报复领导可能使员工失去奖励，遭受惩罚和反报复（Aquino 等，2001）。由于直接报复领导存在风险，受理性驱动，员工可能选择报复其他对象。许多学者用替代攻击（displaced aggression）解释此现象，替代攻击被理解为一种发泄行为——因击侵犯者不可取而向其他个体发泄不满（Mitchell 和 Ambrose，2012a）。根据替代攻击观点，若被挑衅者激怒的个体无法直接报复挑衅者，个体便选择对抗方便、无辜的其他对象（Tepper 等，2008），即替代攻击的发生需要具备两个条件：一是施害者无法被报复；二是受害者害怕遭受施害者的反报复（Baron，1971）。员工直接报复领导可能遭受领导的进一步不当对待，因此，被不当督导员工倾向于实施针对组织或同事的反生产行为。根据替代攻击观点，同事是无辜者，但其权力小、距离近是安全、方便的发泄对象。而领导是组织的代理者，组织应对领导的危害行为负责（Ambrose 等，2002），即报复组织可以代替报复领导。部分文献证实，不当督导对组织导向、同事导向反生产行为具有显著的预测作用（Mackey 等，2014；Mitchell

和 Ambrose, 2007; Wang 等, 2012)。

六、总结

学者们基于不同理论视角, 均论证了不当督导对员工反生产行为的影响效果。各理论视角研究存在一定差异, 社会交换理论、抗拒理论、资源保存理论认为反生产行为是应对领导不当督导行为的工具性行为, 行为具有明显的目的性。这三种理论未考虑员工实施反生产行为的具体对象, 替代攻击理论认为, 上述理论无法解释员工针对无辜同事的反生产行为, 而替代攻击理论可以很好地解释员工向无辜对象实施反生产行为的现象。该理论认为, 员工反生产行为是一种发泄行为, 是一种情感表达性行为, 不一定针对施害者, 因此, 不当督导有可能导致同事导向反生产行为、家庭成员攻击行为等。而社会学习理论认为, 反生产行为是对领导不当督导行为的无意识模仿。

第四节　不当督导影响反生产行为的元分析

一、元分析的必要性

近年来, 学者们对组织中反生产行为的研究兴趣不断攀升 (Mitchell 和 Ambrose, 2007), 如不当督导、专制领导、暴君行为、毒性领导等负面领导, 其中, 不当督导成为最受学者关注的消极领导行为 (Schyns 和 Schilling, 2013)。大量研究表明, 不当督导对工作满意度、创新行为、偏差行为、攻击行为、领导成员关系、工作家庭冲突等有显著的影响效果 (Mackey 等, 2013; Zhang 等, 2014; Mawritz 等, 2014; Burton 和 Hoolber, 2011; Decoster 等, 2014; Wu 等, 2012)。通过梳理现有文献, 我们发现不当督导不仅直接影响被不当对待员工的心态、行为, 还通过被不当对待员工报复、发泄行为对其他主体造成溢出效应。如13.6%的美国员工遭遇过不当督导, 由此导致员工缺勤率和离职率上升、生产率下降, 使组织每年遭受损失达 238 亿美元 (Tepper 等, 2006; Tepper, 2007)。此外, 被不当对待员工还可能实施报复领导、攻击同事、偷盗组织财物等消极行为。在现有文献中, 学者们使用不同术语描述此类消极行为, 如反生产行为、偏差行为、攻击行为、报复行为等, Robinson (2008) 认为, 这些术语在本质上实为同类行为, 学者们因研究领域或地域差异而采用不同术语。如 "反生产行为" 主要为工业和组织心理学领域构念, 组织行为学家多采用 "工作场所偏差" 构念,而欧洲心理学家对"工作场所欺凌"更感兴趣。为深入系统地揭示员工应对不当督导的消极反应，本书将不同术语的消极行为统称为反生产行为，它属于更宽泛的反生产行为，被描述为"伤害或意图伤害组织及其成员的任何行为"（VanFleet 和 Griffin，2006），在本书中包括偏差行为、反生产行为和报复行为。

根据多焦点法，员工行为对象包括组织、领导和同事（Thau 等，2009），即被不当督导者可能将组织、领导和同事作为发泄、报复对象，因此，员工报复不当督导的行为可分为：组织导向、领导导向、同事导向反生产行为。现有研究发现，不当督导是总体反生产行为的重要预测因素（Lian 等，2014），但不当督导是否对组织及其成员具有溢出效应？对哪个主体的负面溢出效应更大？现有研究仍未取得一致结论。如一些研究表明不当督导与组织导向反生产行为高度正相关（相关系数高于0.5）（Mawritz 等，2014；Burton 和 Hoolber，2011；Bowling 和 Michel，2011），也有一些研究发现它们之间相关性小于0.2，甚至不显著（Thau 和 Mitchell，2010；Peng，2013）。而不当督导对哪种反生产行为的预测力更强，现有研究结论分歧较大，有研究发现，不当督导对组织导向反生产行为的影响强于对领导导向反生产行为的影响强度（孙旭等，2014）；也有研究发现不当督导对领导导向反生产行为影响更强（Mitchell 和 Ambrose，2007），还有研究发现，在环境不确定性的情境下，不当督导对领导、组织导向反生产行为的影响程度不存在显著差异（Thau 等，2009）。此外，被不当督导者还可能向无辜的同事实施反生产行为，因此，不当督导与多焦点反生产行为的关系较为复杂。总体而言，不当督导与员工反生产行为同为消极组织行为，员工反生产行为在一定程度上可由领导不当督导行为解释，但不当督导对各焦点反生产行为具有多大的预测能力？不当督导对哪种反生产行为的影响更强？

Hershcovis 和 Barling（2010）呼吁采用多焦点法研究员工反生产行为，为进一步厘清不当督导与反生产行为的复杂关系，本书基于现有研究成果，通过元分析技术研究不当督导对各焦点反生产行为的影响效果。一方面，元分析技术可排除源于研究设计的人工统计误差，还原不当督导与各焦点反生产行为的真实关系；另一方面，通过对样本特征的控制，元分析技术可探究可能存在的调节变量。通过对相关文献的编码，本书将文化情境（东方文化或西方文化）和评价方式（自评或他评）两个典型特征作为潜在调节变量，以深入揭示不同研究背景、研究设计下不当督导对多焦点反生产行为的影响效果。

二、元分析的研究假设

1. 不当督导的概念界定

不当督导指下属感知到来自上级持续性的语言和非语言敌意行为，但不包括身体接触。具体包括：嘲笑、排斥、粗鲁无礼、施加额外任务等（Klaussner，2014；Tepper，2000）。研究发现，不当督导对下属反生产行为具有显著的影响效果，现有研究主要基于公平理论（Tepper，2000）和交换理论（Thaue 等，2009）解释不当督导对总体反生产行为的影响机制。根据公平理论，领导不尊重、公正、礼貌、灵敏地对待员工，将使员工感知到人际不公平；组织程序应一视同仁，组织若不采取适当措施惩罚不当督导、保护被不当对待员工，将破坏组织程序公平；员工通过与特定参照对象比较投入产出评价分配公平，为脱离这一障碍（不当督导），感知不当督导者需花费更多时间、精力完成工作，但他们获得的指责却多于指导，因此，较之未被不当督导者，被不当督导者的分配公平感更低。各种不公平遭遇使员工产生消极心理体验、失去控制感，进而通过危害行为获取平衡感和控制感。根据社会交换理论的"一报还一报"原则，遭受不当督导的员工将通过消极工作态度，甚至实施攻击和危害行为回应组织及领导（Huiwen 等，2014；Liu 等，2010；Tepper 等，2009；Wang 等，2012）。

2. 基于多焦点视角的员工反生产行为

一方面，学者为创造新构念而使用不同名称或术语；另一方面，由于研究领域和地域的差异性，现有研究对反生产行为的概念界定尚未达成一致意见，如偏差行为（workplace deviance）、反生产行为（counterproductive work behavior）、攻击行为（workplace aggression）、报复行为（Retaliation）等。但在本质上，它们含义相同，即员工实施危害组织或其成员的行为（Robinson，2008）；在实操中，它们常被交替使用，如用偏差行为量表测量反生产行为、报复行为（Bowling 和 Michel，2011；Ogunfowora，2009）。为推进对员工危害行为的全面理解，本书将上述概念整合为反生产行为。多焦点法认为，员工对组织中不同焦点，即组织、领导、同事持有不同的想法、态度和行为，员工在组织中的交换对象包括组织、领导、同事等不同焦点（Lavelle 等，2007）。基于交换关系的报答（如组织公民行为、助人行为等）或报复（如偏差行为、反生产行为等）等角色外行为均为多焦点构念，员工视情境需要而实施不同焦点行为（齐奕斐，2014；Peng，2013）。所以，作为报复不当督导的反生产行为是一个多焦点构念。据此，本书将反生产行为分为：组织导向反生产行为、领导导向反生产行为和同事导向反生产行为。

3. 不当督导与多焦点反生产行为

社会交换理论认为，个体主要依靠交换理念建立工作场所中人际关系（Harris 等，2013）。在人际交往中，个体根据自身经历义务性地回应他人——以报答回应施惠者（积极互惠），以报复回应侵犯者（消极互惠）（Gouldner，1960）。本质上，员工渴望被领导尊重和关心，根据积极互惠原则，在此种交换关系中，员工将努力工作，保持积极的工作态度。而不当督导以嘲讽、公开批评、漠不关心、大发脾气等方式对待下属，是一种典型的不公平人际对待（Harris 等，2013）。根据消极互惠原则，作为对消极交换关系的回应，员工将实施伤害组织及其成员的反生产行为（Mitchell 和 Ambrose，2007；Aquino 等，2006）。这也符合公平理论的解释，当员工遭受到领导不公对待时，员工将体验到失去控制感，而反生产行为是其获取平衡感和控制感的最佳方式。此外，部分学者基于社会学习理论解释不当督导对反生产行为的影响机制。社会学习理论强调社会情境引导个体行为的重要性，个体通过观察他人行为模式学习哪种行为是被接受的（Restubog 等，2011）。当个体认为某种行为在其所处环境中是被接受或支持的，不管该行为性质是积极的或消极的，个体都更倾向于模仿该行为（Mitchell 和 Ambrose，2012），即组织负面行为将导致员工负面行为。而领导行为更易成为下属行为的典范，组织代理者（领导）展现的行为能塑造组织中的行为模型（Bandura，1979）。因此，不当督导创造了一种攻击氛围，被不当督导员工易将攻击、报复行为视为组织规范，进而滋生员工反生产行为（Mitchell 和 Ambrose，2007）。基于不同理论视角的研究均证实，不当督导与总体反生产行为显著正相关。因此，我们提出如下假设：

H1：不当督导与总体反生产行为显著正相关。

反生产行为具有目的和目标导向性，报复在攻击、工作偏差等反生产行为中充当重要角色，报复指受到侵犯者伤害后，有目的地惩罚侵犯者的行为（Skarlicki 和 Folger，1997）。关于攻击行为的研究发现，个体通过报复回应他人的攻击行为，且直接报复伤害实施者。感知不公、不信任是报复行为的重要预测因素，遭遇组织、领导不公对待，报复将成为员工的理性、成熟选择（Mitchell 和 Ambrose，2007）。而不当督导是人际不公的主要来源（Bradfield 和 Aquino，1999），作为对伤害者的直接报复，被不当督导员工将实施针对领导的反生产行为，即领导导向反生产行为（Hershcovis 等，2007）。这也符合 Wang 等（2012）对领导导向反生产行为的界定：为使侵犯者（领导）付出代价的员工报复行为。基于不同国家、不同组织背景的研究均证实，不当督导对领导导向偏差行为、攻击行为具有显著的影响效果（Burton 等，2011；Dupre 等，2006；蒋奖和王荣，2012；Wang 和 Jiang，2014），Shoss 等（2013）发现，不当督导与领导导向反生产行为显著正相关。因此，我们提出如下假设：

H1a：不当督导与领导导向反生产行为显著正相关。

报复主管是被不当督导者的普遍反应，但领导掌控着重要组织资源，如薪资、福利、晋升和专业知识等，此外，领导—员工存在权力、地位差距，直接报复领导可能使员工失去奖励，遭受惩罚和反报复（Aquino 等，2001）。由于直接报复领导存在风险，受理性驱动，员工可能选择报复其他对象。许多学者用替代攻击（Displaced aggression）解释此现象，替代攻击被理解为一种发泄行为——因攻击侵犯者不可取而向其他个体发泄不满（Mitchell 和 Ambrose，2012）。根据替代攻击观点，若被挑衅者激怒的个体无法直接报复挑衅者，个体便选择对抗方便、无辜的其他对象（Tepper 等，2008），即替代攻击的发生需要具备两个条件：一是施害者无法被报复；二是受害者害怕遭受施害者的反报复（Baron，1971）。员工直接报复领导可能遭受领导的进一步不当对待，因此，被不当督导员工倾向于实施针对组织或同事的反生产行为。根据替代攻击观点，同事是无辜者，但其权力小、距离近是安全、方便的发泄对象。而领导是组织的代理者，员工认为组织应对领导的危害行为负责（Ambrose 等，2002），即报复组织可以代替报复领导。部分文献证实，不当督导与组织导向、同事导向反生产行为显著正相关（Mitchell 和 Ambrose，2007；齐奕斐，2014；Wang 等，2012）。因此，我们提出如下假设：

H1b：不当督导与组织导向反生产行为显著正相关。

H1c：不当督导与同事导向反生产行为显著正相关。

权力依赖理论（power - dependence theory）认为，个体依赖性与其权力负相关，在权力不平衡的人际关系中，个体依赖资源丰富的一方，依赖性约束自我利益的实现方式（Molm，1988），因此，若受害者权力地位低于侵犯者，受害者报复倾向更小。威慑理论（deterrence theory）也指出，在人际关系中，当报复成本过高时，低权力者将避免直接报复高权力者（Wang 等，2012），员工报复不当督导的成本包括领导持续性的敌对态度和关系恶化等（Tepper 等，2007）。领导处于反报复的有利位置，因此，被不当督导员工直接报复领导的倾向较小，更可能将组织作为发泄对象。一方面，领导是组织的代表者，组织应对其持续性反生产行为负责；另一方面，相对于报复领导，报复组织的成本更低，因此，不当督导对组织导向反生产行为的影响强于对领导导向反生产行为的影响。此外，研究发现，被不当督导者还可能向同事发泄不满情绪，基于内疚理论，我们推测不当督导对同事导向反生产行为的影响最弱。移情是与他人情感经历相近时的情绪反应（Eisenberg 和 Fabes，1990），移情性悲伤、痛苦能引发个体内疚感，内疚指个体行为违背道德或伤害他人而产生的愧疚、不安等情绪反应（Tangney，1995）。内疚是一种建设性道德情感，可以抑制不道德行为（刘雯雯，2012）。被不当督导员工深知被伤害的痛楚，当他们把无辜同事作为报复、发泄对象时，移情性悲痛将引发其内疚感。内疚源于人与人之间的相互交往，以促进人际发展为动机（Baumeister 等，1994）。因此，受内疚情绪影响，被不当督导者将同事作为发泄对象的可能性更小，而报复组织、领导符合社会交换的"一报还一报"原则，则不会产生此种情绪反应。因此，我们提出如下假设：

H2：不当督导对组织导向反生产行为的影响最强，对领导导向反生产行为的影响次之，对同事导向反生产行为的影响最弱。

4. 潜在的调节变量

文化差异影响不当督导的接受程度（Tepper，2007），文化价值包括权力距离、不确定规避、个人主义和集体主义、男性化和女性化、时间取向五个维度，其中，权力距离与文化价值的关系尤为重要。权力距离指个体对机构或组织中权力分配不均的接受程度（Clugston 等，2000），美国、丹麦、新西兰等西方国家属于高权力距离文化，中国、菲律宾、马来西亚等东方国家属于低权力距离文化。研究表明，在高权力距离文化情景下，个体对不公现象的接受程度更高，组织员工的权力更小，对领导的依赖性更强（Tepper 等，2009）。因此，在高权力距离的东方情景下，领导与员工之间的等级关系更森严，员工对领导的依赖性、服从性更强，对领导负面行为的容忍程度更高，因而员工对不当督导的反应激烈程度更小（Loh 等，2010）。现有文献主要从权力距离视角分析文化因素对不当督导作用效果的影响，结果发现高权力距离能削弱不当督导对反生产行为的正效应（Lian 等，2012；齐奕斐，2014；Wang 等，2012）。因此，我们提出如下假设：

H3：文化情境在不当督导与多焦点反生产行为的关系中起调节效应，在东方情境下，不当督导对反生产行为、组织导向反生产行为（3a）、领导导向反生产行为（3b）的影响更弱。

反生产行为是员工故意实施的危害行为，领导或同事很难观测到反生产行为的真实频率，他们主要基于刻板印象评价员工反生产行为，即领导对员工的印象好，对其反生产行为的评分则低（Dalal，2005）。对反生产行为频率的汇报，员工自己处于最佳位置，因此，自评成为反生产行为最常用的评价方式（Gonzalez – Mule 等，2014）。尽管自评方式存在自我服务和自我提高偏差（Stewart 等，2009），但作为员工报复、发泄的故意行为，反生产行为具有极强的隐蔽性和目的性，他人更难观察到员工反生产行为的真实情况，因而我们推测他评反生产行为的频率更低。此外，根据不当督导的概念界定，学者们主要通过员工感知测量不当督导，若同时采用自评方式测量员工反生产行为，即自变量和因变量由同样的被测者评价，则可能存在系统误差（同源偏差），从而导致不当督导与反生产行为的相关性更强，而他评则能在一定程度上避免该问题。所以，我们推测评价方式影响不当督导与反生产行为的相关性。因此，我们提出如下假设：

H4：评价方式在不当督导与反生产行为的关系中起调节作用，不当督导对自评反生产行为、组织导向反生产行为（4a）、领导导向反生产行为（4b）的影响更强。

三、元分析的研究设计

1. 文献检索

我们通过以下四种方法广泛收集国内外相关文献：①中文文献主要从 CNKI 数据库（中国期刊网）、万方数据库检索系统、中国科技期刊数据库（维普期刊）、IACMR 学术会议中搜索。具体过程为：首先，我们以 abusive supervision、workplace deviance、employee deviance、deviance、counterproductive work behavior、counterproductive、aggression 为关键词进行搜索，以尽量全面地获取其中文名称，结果发现，abusive supervision 的中文翻译包括：辱虐（式）管理、辱虐领导、毒性领导、苛责式领导、不当督导、攻击性领导、领导不当、毁害性领导、破坏性领导、攻击性管理、滥权监管、粗暴式领导。workplace deviance 的中文翻译包括：职场排斥、职场偏差、员工偏差行为、员工偏离行为、工作场所越轨行为，CWB 一般翻译为反生产行为，aggressive behavior/aggression 一般翻译为攻击行为。然后，我们分别以上述中文名称为题名、关键词进行检索，通过阅读摘要，初步筛选文献。最后，我们以 abusive supervision 和 deviance、counterproductive、aggression 等英文名称作为关键词进行补充搜索。②英文文献主要从 EBSCO、ABI/INFORM、Science online、Wiley、ProQuest、Emerald、Taylor & Francis、APA PsysNET、Web of Science、Google 学术等数据库中搜索。我们分别以 abusive supervision、workplace deviance、employee deviance、deviance、counterproductive work Behavior、counterproductive、aggressive behavior、aggression 等为题名、关键词进行搜索，通过阅读摘要，初步筛选文献。③人工搜索相关期刊，如南开管理评论、心理学报、管理学报、管理科学、Academy of Management Journal、Journal of Applied Psychology、Journal of Organizational Behavior、Leadership Quarterly、Personnel Psychology、Journal of Management、Journal of Occupational & Organizational Psychology、Human Relations、Journal of Managerial Psychology。④通过查阅已有综述性文章或相关元分析文章的参考文献进一步补充文献。

2. 文献筛选

我们按照以下标准确定最终纳入元分析的文献：①研究必须以 Tepper 的不当督导为前因变量，以偏差行为、反生产行为、攻击行为三种反生产行为为结果变量的实证研究。②文章必须汇报不当督导与反生产行为的相关系数，或其他可转化为相关系数的统计量。③剔除文献报告中两个变量所有构项的效应值个数不足三个的文献（张薇燕等，2012）。④研究层次必须是个体层次，剔除不当督导对团队反生产行为的研究文献。通过上述筛选标准，最后共有 48 篇文章纳入本书，其中，中文 16 篇，未发表文献 3 篇，硕士、博士学位论文 11 篇。

3. 文献编码

本书共包括48篇文献，经过编码后得到94个效应值（样本总量为34970）。文献编码内容包括样本特征和效应值两个方面，其中样本特征包括作者、发表年份、发表期刊、样本数量、文化情境（东方、西方）、反生产行为的评价方式（自我、他评）等。效应值包括：不当督导与反生产行为的相关系数及其显著水平，不当督导、反生产行为的信度系数。在不当督导与总体反生产行为相关系数的编码过程中，若文献未直接汇报两者相关系数，但汇报了不当督导与各焦点反生产行为的相关系数，则取其均值编码。在编码一致性方面：首先，由作者间隔两个月先后两次对本书进行编码，其一致性达95%以上。其次，让第二位编码者在作者第二次编码结果中随机抽取25篇文献进行编码，两位编码者的结果一致。

4. 分析技术

本书采用CMA2.0（Comprehensive Meta Analysis）软件进行数据处理。具体分析过程如下：首先，本书采用不当督导与反生产行为的相关系数作为效应值统计量，然后将各独立样本的效应值用相关系数合成为一个效应值。其次，选择模型。元分析结果包括随机效应模型和固定效应模型，它们的区别主要在于权重成分。固定效应模型以研究内的变异计算权重，认为各研究效应值的差异来源于抽样误差；随机效应模型以研究内和研究间的变异计算权重，认为各研究效应值的差异来源于真效应值和抽样误差。模型选择，一方面，取决于异质性检验，异质性检验以 Q 统计量（服从自由度为 k−1 的卡方分布）的显著性表示，如果 Q 显著，效应值为异质，应选用随机效应模型；反之，选固定效应模型。另一方面，我们还基于理论和实际选定模型，考虑元分析的研究是否拥有一个共同的效应量，吴鹏等（2014）认为，当元分析要检验测量工具等研究背景的调节效应时，选择随机效应更合理。

四、元分析的研究结果

1. 异质性及发表偏差检验

异质性说明研究结论的变异来源于不同研究设计多于抽样误差，通过组内 Q 统计量检验其统计显著性，以 I^2 指标表示实际显著性（Higgins 和 Thompson，2002）。结果如表2−3所示，在反生产行为的研究中，Q 统计量在0.001水平上显著，说明各研究的效应量存在异质性，应采用随机模型分析方法。I^2 的值为92.5，说明92.5%的观察变异来源于真实差异，随机误差只能解释观察变异的7.5%。Tau^2 的值为0.03，说明研究间变异有3%可用来计算权重。针对组织导向、领导导向、同事导向反生产行为的分析同上。

表 2 - 3　效应量异质性检验结果

结果变量	K	Q	df	I^2	Tau^2	失安全系数
反生产行为	28	359.86 ***	27	92.50	0.03	4587
组织导向	26	204.39 ***	25	87.77	0.02	9148
领导导向	26	359.12 ***	25	93.04	0.04	1541
同事导向	7	67.46 ***	6	91.11	0.04	360

注：* 表示 P < 0.05；** 表示 P < 0.01；*** 表示 P < 0.001。

通常结果显著的文章更易被发表，结果不显著的文章难以发表，所以，已发表文章的效应值可能无法代表真实值，因此，在元分析研究中应检验发表偏差。本书采用失安全系数作为检验标准，失安全系数指再纳入多少文献才能使现有研究结果不显著，若失安全系数非常小，可能存在发表偏差（Rosenthal，1979）。本书结果如表 2 - 3 所示，即要为每个主题书分别找到 164、351、59、51 项未出版的文献，才能使本书结果不显著，因此，本书存在发表偏差的可能性极小。

2. 主效应检验

结果如表 2 - 4 所示，不当督导与总体反生产行为的相关性为 0.40，在 0.001 水平上显著，假设 1 得到支持；不当督导与组织导向、领导导向、同事导向反生产行为的相关分别为 0.35、0.43、0.34，均在 0.001 水平上显著，假设 1a、假设 1b、假设 1c 得到支持。其中，从点估计结果看，不当督导与领导导向反生产行为的相关性最强（r = 0.43，P < 0.001），与组织导向反生产行为的相关性次之（r = 0.35，P < 0.001），与同事导向反生产行为的相关性最弱（r = 0.34，P < 0.001），而假设 2 认为不当督导对组织导向反生产行为的影响强于领导导向反生产行为。此外，不当督导与同事导向反生产行为的相关系数与其他两个相关系数在 95% 的置信区间内重叠度较高，即我们无法确定不当督导对同事导向反生产行为的影响最弱。因此，假设 2 未能得到验证。

表 2 - 4　不当督导与员工反生产行为的主效应结果

结果变量	K	N	点估计	下限	上限	Z 值
反生产行为	28	12151	0.40	0.34	0.46	12.34 ***
组织导向	26	11127	0.35	0.30	0.40	12.66 ***
领导导向	26	8408	0.43	0.36	0.50	10.87 ***
同事导向	7	1856	0.34	0.20	0.47	4.45 ***

注：* 表示 P < 0.05；** 表示 P < 0.01；*** 表示 P < 0.001。

3. 调节效应检验

本书采用 Q 统计量检验调节效应，Q 统计量显著是判断研究间存在调节变量的最佳途径，特别是判断效应值之间的细微差异（Koslowsky 和 Sagie，1993）。研究结果如表 2 - 5 所示，在不同文化情境下，不当督导对总体反生产行为（Q = 0.01，P > 0.05）、组织导向反生产行为（Q = 0.28，P > 0.05）的影响效果不存在显著性差异，但文化情境调节不当督导对领导导向反生产行为的影响效果（Q = 7.69，P < 0.01），在西方文化情境下，不当督导与领导导向反生产行为的相关性为 0.48，显著高于其在东方文化情境下的相关性（r = 0.32，P < 0.001），因此，假设 3、假设 3a 没有得到支持，假设 3b 得到支持。评价方式在不当督导与总体反生产行为（Q = 7.10，P < 0.01）、领导导向反生产行为（Q = 32.70，P < 0.001）的关系间起调节作用，不当督导与自评反生产行为（$r_{自}$ = 0.42 > $r_{他}$ = 0.20）、自评领导导向反生产行为（$r_{自}$ = 0.50 > $r_{他}$ = 0.24）的相关性更强，假设 4、假设 4b 得到支持。但不当督导对组织导向反生产行为的作用效果不受评价方式影响（Q = 0.01，P > 0.05），假设 4a 没有得到支持。

表 2 - 5　相关变量的调节效应结果

结果变量	调节变量	K	N	点估计	下限	上限	Z 值	Q
反生产行为	文化情境							
	东方	17	8518	0.40	0.33	0.47	9.76***	0.01
	西方	11	3633	0.40	0.30	0.50	7.16***	
	评价方式							
	自评	24	11092	0.42	0.36	0.48	11.98***	7.10**
	他评	4	1059	0.30	0.22	0.36	7.28***	
组织导向	文化情境							
	东方	9	4541	0.33	0.23	0.41	6.49***	0.28
	西方	17	6586	0.35	0.30	0.41	10.43***	
	评价方式							
	自评	20	9482	0.35	0.29	0.40	11.53***	0.01
	他评	6	1645	0.34	0.21	0.46	4.99***	
领导导向	文化情境							
	东方	8	2218	0.32	0.23	0.40	6.62***	7.69**
	西方	18	6190	0.48	0.40	0.55	10.63***	
	评价方式							
	自评	19	6692	0.50	0.42	0.56	12.12***	32.70***
	他评	7	1716	0.24	0.20	0.30	10.25***	

注：* 表示 P < 0.05；** 表示 P < 0.01；*** 表示 P < 0.001。

五、元分析的结论分析

采用元分析技术研究不当督导对反生产行为的影响效果，研究发现，不当督导与总体反生产行为、各焦点反生产行为存在显著的正相关关系，其相关性均在0.3以上，研究结论符合我们的理论假设1、假设1a、假设1b、假设1c，与现有研究结论一致。结果说明，领导不当督导行为是预测员工反生产行为的重要因素，因此，领导严格约束自身行为，以身作则，公平对待员工，是减少员工反生产行为、创造和谐组织氛围的重要途径之一。

假设2认为，不当督导对各焦点反生产行为的影响程度存在差异，其影响强度依次为：组织、领导、同事。但结果发现，不当督导与领导导向反生产行为的相关性大于其与组织导向反生产行为的相关性，与假设2相反，可能的解释是：一是在本书中，基于西方文化情境研究领导导向反生产行为的文献居多，研究结果可能接近西方情境下的真实值。而西方国家权力距离较低，领导—员工之间不存在严格的等级制度，员工对不当督导行为的容忍度低，敢于直接挑战领导权威、报复领导，无须通过替代性报复组织、攻击同事发泄不满情绪。二是我们过分强调领导权威，虽然存在领导—员工权力不对等现象，但组织管理越来越强调以人为中心，注重营造公平和谐的组织氛围，在一定程度上制约了领导权力，降低了员工报复领导的风险及畏惧心理。调查发现，每年有76%的员工实行过针对领导的攻击行为，员工对领导的攻击频率高于对同事的攻击频率（Huiwen等，2014）。此外，不当督导对同事导向反生产行为的影响最弱无法验证，可能原因是：关于不当督导与同事导向反生产行为的研究相对较少，尚不能清晰还原不当督导与同事导向反生产行为的真实关系。

本书认为，不当督导与各焦点反生产行为的关系受文化情境、反生产行为评价方式影响。其中，由于样本量制约，未能探讨文化情境、评价方式在不当督导与同事导向反生产行为间的调节作用。关于文化情境的研究发现，文化情境只调节不当督导对领导导向反生产行为的影响程度，在东西方文化情境下，不当督导与总体反生产行为、组织导向反生产行为的相关性不存在显著差异。可能的原因是：在上下级关系方面，东方文化强调"上尊下卑"和领导权威，而西方文化强调公平、平等，因此，文化差异影响员工直接报复领导的成本和倾向。但在东西文化情境下，领导都是组织的代表者，组织有义务和能力约束其行为，并对领导不当督导行为负责。且随着国际化程度不断加深，东西方企业管理理念差异逐渐缩小，都强调以人为本、尊重人权，创造公平、平等的组织氛围，所以，东西方企业员工报复组织的成本差异逐步缩小。互惠规范在各种文化中普遍存在（邹文簃等，2012），因此，不管在哪种文化情境下，员工都将以反生产行为报复不当督导行为。

关于评价方式的研究发现，不当督导对自评反生产行为和自评领导导向反生产行为的影响更强，但不当督导对组织导向反生产行为的影响效果不受评价方式影响。可能的原因是：一方面，根据马斯洛的需求理论，个体有社交和归属需求，为营造和谐人际关系，员工通常隐瞒其反生产行为，特别是涉及人际导向的反生产行为。因此，人际导向反生产行为（领导和同事导向反生产行为）不易被他人观测，从而导致他评领导、同事导向反生产行为得分偏低。另一方面，Mitchell 等（2012）认为，遭遇领导攻击，员工可能做出三种反应：直接报复领导、替代攻击同事或组织、解决问题。直接报复领导将招致反报复，替代攻击同事只能发泄不满无法解决问题，而领导作为组织的一员，组织有能力管制、约束其行为，因此，当遭遇领导不当对待时，员工通过从事破坏组织的活动，能引起组织关注，甚至可通过组织介入摆脱被不当督导遭遇，所以，员工隐瞒组织反生产行为的动机较弱，从而导致他评和自评的组织导向反生产行为没有显著性差异。

此外，研究还发现，在西方文化情境下，不当督导对领导导向反生产行为的影响（r = 0.48，P < 0.001）强于其对组织导向反生产行为的影响（r = 0.35，P < 0.001）；而在东方文化情境下，不当督导对领导、组织导向反生产行为的影响程度不存在显著差异。不当督导对自评领导反生产行为的影响（r = 0.50，P < 0.001）大于自评组织反生产行为（r = 0.35，P < 0.001），但对他评反生产行为的影响不存在此差异。这说明假设 2 是否成立可能受文化情境、评价方式影响。而在中国文化情境下，不当督导对各焦点反生产行为的影响是否存在差异？不当督导对哪种反生产行为的预测力最强？对哪种反生产行为的影响最弱？自评反生产行为易受社会赞许效应影响，且有可能存在同源偏差，而他评方式难以获得反生产行为的准确频率，哪种评价方式更能还原不当督导与各焦点反生产行为的真实关系？未来研究可基于多焦点视角，重视不当督导与反生产行为的本土化研究，并尽量通过多种来源评价员工反生产行为。

六、研究综述

领导方式是预测员工行为的重要潜在因素，不当督导作为消极领导行为的典型代表，对员工反生产行为具有显著的影响。基于多焦点视角，员工反生产行为的实施对象包括组织、领导、同事、顾客等多个主体，现有研究主要探究不当督导对组织内部反生产行为的影响机制，比如组织导向和领导导向反生产行为，缺乏对其他主体反生产行为的影响效果，尤其是组织外部利益相关者如顾客导向反生产行为的作用效果，未来研究可以同时探讨不当督导对多焦点反生产行为的影响效果及其作用差异。

第三章 理论模型与研究假设

第一节 理论基础

情感事件理论开辟了情感研究新篇章，此前，组织领域研究将情感等同于工作满意度。而根据工作满意度的测量条目判断，更准确地说，工作满意度是员工对工作内容或环境的评价判断，情绪反应可解释工作满意度部分变异量，但工作满意度和情感或情绪反应并非同一概念。然而，在现有研究中，除接受工作满意度等同于情绪外，学者们对工作中情绪反应的了解甚少。为系统研究组织中情绪反应的结构、影响因素和影响效果，Weiss 和 Cropanzano（1996）在系统回顾工作满意度研究成果的基础上，构建了情绪反应的前因后果理论框架，即情感事件理论。

情感事件理论以情绪反应为核心，系统研究情绪反应的前因、后果以及情感结构。情感事件理论认为，工作环境特征通过具体工作事件对情绪反应产生间接效应，人格特质不仅直接影响情绪反应，还影响工作事件对情绪反应的作用效果。情绪反应影响员工行为，其中，行为可分为情感驱动型行为和判断驱动型行为，情感反应直接影响情感驱动型行为，情感反应需要通过工作态度的中介作用间接影响判断驱动型行为。情感反应包括情绪和心情两种构念，情绪反应不同于情感特质，该理论将时间这一重要参数纳入情绪反应研究之中（Weiss 和 Cropanzano，1996）。情感事件理论的具体内容及框架如图 3 - 1 所示：

第一，情感反应包括情绪和心情两种反应方式，它们具有不同的研究传统，情绪的研究历史更久、更分散；心情的研究历史更短、更聚焦。情绪和心情的主要区别在于：强烈程度、持续时间、模糊性（diffuseness），心情没有情绪强烈，但比情绪持续的时间长，情绪通常是对某个目标或事件的情感反应，而心情缺乏

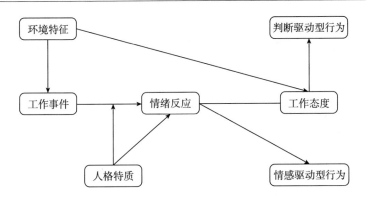

图 3 - 1 情感事件理论模型

明确的目标或行为起因，而心情具有较为明确的目标性（Weiss 和 Cropanzano，1996）。理解不同情感反应的影响因素尤为重要，每种情感对个体、组织的影响效果都不同，因此，学者们根据自身需要构建了多种情感结构。如 Plutchik（1994）将情绪分为初级情绪和次级情绪，初级情绪指基本或原始情绪，次级情绪是由多种初级情绪联合导致的情绪反应。此种区分方式总结了不同情绪反应，但仍保留着情绪经历中的细微差异。Ekman（1992）将各种情绪归为六类基本情绪：愤怒、害怕、伤心、高兴、厌恶、惊讶。关于心情的结构成分，学者们普遍认同两种划分方式：积极情感和消极情感、快乐基调和强烈程度。情感特质和状态都可分为消极情感和积极情感，高积极情感表现为精力充沛、兴奋、快乐，低积极情感指缺乏积极情感，不同于消极情感。快乐基调指心情从积极到消极的连续变化，强烈程度指心情从非常强烈到非常温和的连续性变化（Watson 等，1988a）。虽然情绪和心情在内容、结构方面存在诸多差异，但情绪和心情都是个体的情感反应，是情感事件理论的核心内容。

第二，情感事件理论强调事件作为情感反应近端因素的重要作用。事件指发生在特定时间、特定场合的重要事情，强调情境和当前经历的变动性。根据认知评价理论，这些事件对个体情绪、心情反应的影响过程，包括两个步骤：初次评价和二次评价。初次评估始于事件本身，个体仅使用积极术语或消极术语简单评价相关事件，初次评价促使个体进一步分析事件结果、归因，以及自身应对能力，不直接产生情绪，其重要性在于影响情绪反应的强烈程度；二次评价将产生愤怒、悲伤、高兴等离散情绪（Lazarus，1991）。初次评价以"关注相关性"为依据，即关心事件与个体目标、价值的相关程度，目标相关事件是个体情绪反应的基础，其重要性直接影响情绪反应强度（Frijda，1993）。但需要注意的是，目标事件的性质，即积极事件和消极事件对个体情绪反应的影响效果具有不对称性，消极事件比积极事件导致的反应更强烈（Taylor，1991）。二次评价以"意义分析"为依据，利用具体线索评价环境或他人，具体评价内容包括：结果的确定性、注意事项、处理事件所需努力、情境状态与动机的一致性、预期事件的未来改善情况、应对能力等（Smith 和 Pope，1992），评价结果使个体产生不同的情绪反应。

此外，情感特质作为潜在倾向影响个体情绪强度，例如，高消极情感特质和神经质个体，不管生活经历如何，习惯性地不满意于现状。这些个体对消极事件的反应更强烈，即使没有发生消极事件，他们也会产生相当程度的消极情绪反应（Weiss 和 Cropanzano，1996），而工作环境特征作为情感反应的远端因素，通过影响情感事件进而对情绪反应产生作用效果。Brief 和 Weiss（2002）认为，影响情感反应的工作特征可分为：压力/厌恶事件、领导、人际/团队特征、物理环境、组织奖惩。Saavedra 和 Kwun（2000）发现，不同工作特征对情感反应的作用效果存在差异性，其中，任务重要性、任务自主性、反馈能增强工作激情；任务一致性可减少紧张情绪，技能多样性会增强紧张情绪。总之，个体情感反应受到多种环境因素影响，它们通过情感反应的中介作用最终影响员工行为。

第三，深入理解情感和工作行为的关系，必须区分情感驱动型行为和判断驱动型行为。组织中某些工作行为是对情感经历的直接反应——情感驱动型行为，如情感承诺、组织公民行为、助人行为等。情感驱动型行为直接受情感影响，其发生过程不需要评价满意水平，即情感反应直接影响情感驱动型行为，不需要通过满意度的中介作用影响结果变量。另一些行为受态度驱动，如离职、持续承诺等，这些行为是经过充分考虑、综合评价得出的决策。不同于情感驱动型行为，情感是判断驱动型行为的远端影响因素，此类行为受总体工作评价的直接影响，即情感需通过工作满意度等态度变量的中介作用间接影响判断驱动型行为。综上所述，工作环境对个体行为的影响过程分为两种：一是情感反应直接影响情感驱动型行为；二是情感反应通过工作态度（工作满意度）的中介作用间接影响判断驱动型行为。

第四，采用传统研究设计验证情感事件理论模型，导致测量过程中忽视了时间的重要性。忽视时间效应对揭示环境特征作用效果的影响不大，因为，环境特征被认为相对稳定，但忽视情感随时间变化的动态性可能导致无法有效地揭示情感—绩效关系。因此，情感事件理论强调情感经历随时间的变动性，需将时间参数纳入情感研究之中（Robinson，2008）。关于心情和情绪的研究表明其影响效果随时间波动，情绪反应的此种波动模式会影响工作感受及行为的动态变化。需要注意的是，情感反应随时间变化，具有动态性，情感驱动型行为直接受情感反应影响，因此，此类行为同样具有高动态性、短持续性特征。为此，Robinson

（2008）提出采用个体间研究设计，探究"工作环境—工作事件—情感反应—情感驱动型行为/工作态度"间的动态关系。

情感事件理论以情感反应为核心，系统分析情感结构、情感影响因素及影响效果；同时，该理论模型还融入时间参数对情感反应的影响。后续研究多次论证了该理论，如 Carlson 等（2011a）发现，工作—家庭促进影响积极心情，进而产生工作满意感，最终影响工作绩效。Glasø 等（2011）的研究发现，职场欺凌通过增强消极情感或削弱积极情感，导致工作满意度降低，从而产生离职倾向，个体焦虑特质在职场欺凌与情感反应关系中起调节作用，焦虑特质越高，被欺凌者报告的积极情感越低，消极情感越高。总之，情感事件理论是理解组织行为的重要基础，后续研究可以从不同视角继续论证该理论。

第二节　概念界定及理论模型

一、理论模型

本书基于情感事件理论，构建不当督导动态影响反生产行为的理论框架（见图 3 - 2）：

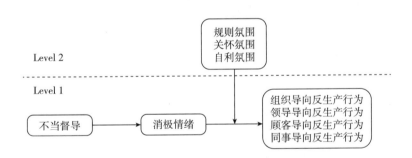

图 3 - 2　理论模型

（1）员工反生产行为是否随领导不当督导行为动态变化，被不当督导员工会将哪些主体作为发泄对象？具体到服务业背景，员工发泄对象包括组织、领导、同事和顾客，不当督导对这些主体是否均存在溢出效应？对哪个主体的溢出效应更强？以往研究发现，不当督导行为会导致员工实施组织、人际导向反生产行为，而顾客导向反生产行为的研究主要集中在市场营销研究领域。一般认为，顾客导向反生产行为受顾客行为影响。那么，领导不当督导行为对组织外部成员是否存在溢出效应？顾客导向反生产行为是否受到领导因素影响？本书认为，不当督导不仅影响组织内部主体，也间接影响组织外部利益相关者，即不当督导影响组织、领导、同事和顾客导向反生产行为。

（2）以往研究主要基于认知视角揭示不当督导对反生产行为的影响机制，而反生产行为不仅受认知驱动，也受情感驱动。因此，本书基于情感事件理论，探究消极情绪在不当督导影响员工反生产行为过程中的中介作用。部分研究基于替代理论研究发现，被不当督导员工会伤害身边无辜主体，但该理论未能揭示不当督导影响他们的作用机理。本书认为，根据情感事件理论，领导对待下属的态度、方式是员工经历的重要组织事件，该事件会影响情绪状态，不同情绪状态会导致不同行为表现。领导不当督导行为会导致员工消极情绪，而消极情绪会直接导致情感驱动型行为—反生产行为。

（3）组织伦理氛围是影响员工消极行为的重要组织因素，本书认为组织伦理氛围作为组织成员共享组织规范，对员工反生产行为具有抑制作用。具体而言，组织伦理氛围能削弱被不当督导员工因消极情绪而实施反生产行为的冲动。组织伦理氛围决定哪些行为是被组织认可和接受的，当组织伦理氛围崇尚积极、正面的行为表现时，员工反生产行为有悖组织氛围，不利于员工融入组织，因而，在此种伦理氛围情境下，员工实施反生产行为的倾向较弱；反之，当组织伦理氛围对负面行为不加约束时，将减少员工实施反生产行为的顾虑，因而，员工受消极情绪状态而实施反生产行为的倾向较强。综上所述，本书认为，员工感知组织伦理氛围作为个体间变量，在不当督导通过消极情绪影响反生产行为的动态作用机制中起调节作用。

二、不当督导的界定

Tepper 等指出，不当督导是下属感知到来自上级的持续性语言和非语言敌意行为，但是不包括身体接触。综合现有文献，不当督导的具体表现主要有：嘲笑、公开批评、大声发脾气、粗鲁无礼、漠不关心下属、强迫下属、把下属当"替罪羊"、对下属保持沉默、贬低下属名声、以工作机会威胁下属、不告知重要信息、怒视下属、不守承诺、使用蔑视性的语言等（Tepper，2000；Tepper等，2001；Zellars 等，2002）。在现有研究中，不当督导与某些构念具有重叠之处，如暴君行为、职场欺凌、领导攻击、领导破坏。Tepper（2007）认为，可基于敌对形式和施害者的伤害意图区分不当督导与相关构念。不当督导指语言或非语言性敌对行为，不包括身体接触；不当督导是领导故意行为，即领导实施不当督导行为具有目的性，但其目的是完成目标而非制造伤害。领导不当对待下属是为了提高下属工作绩效，或告知下属其所犯过错不能被容忍，伤害不是直接目的。根据 Tepper（2000）界定，不当督导是员工在组织层级关系中对来自上级不当对待的主观评价，是感知构念。Tepper（2008）认为，不当督导是管理者长期对下属实施的非身体敌对行为，不当督导是领导实际发生的行为，而非员工主观感知。在现有研究中，大部分学者采用感知构念，实际不当督导行为和感知不当督导行为是两个既相似又相异的构念，感知不当督导不一定说明领导确实存在不当督导行为，实际不当督导行为也未必都会被员工感知到，Harvey 和 Martinko（2013）发现，下属对同一领导的感知不当督导相关系数仅为 0.37，说明感知不当督导主观性较强。然而不管领导不当督导行为是否实际发生，只要员工主观感知被不当督导，便会产生不当督导的一系列消极后果，因此，从感知视角界定不当督导更具有现实意义。为此，本书采用 Tepper（2000）界定，不当督导指下属感知到的来自上级的语言和非语言敌意行为，但是不包括身体接触。

三、消极情绪的界定

在认知年代——1940~1970 年，组织行为研究将组织成员描述为认知人物形象，认为他们的行为不受情绪影响。20 世纪 90 年代，情绪成为组织行为研究中越来越流行的研究主题（Bauer 和 Spector，2015）。组织行为关于情绪的研究通常包括三个术语：心情（mood）、情感（affect）、情绪（emotion）。心情指没有明确原因的情感状态，强度比较弱，持续时间比较长。情感指相对稳定的感觉和反应趋势，是一种比较稳定的人格特质，通常分为消极情感和积极情感。积极情感反映个体在特征层次对生活持有积极看法，这种世界观使个体对情境做出积极评价；消极情感指个体对生活持消极看法，通常和压力结果相联系（Grandey等，2002）。情绪是个体瞬时感觉状态，但情绪是对特定事由和目标的情感反应。情绪具有动态性和多面性，动态性指情绪随时间变化而不同，情绪可分为自我情绪和社会情绪，其中，自我情绪包括自豪、尴尬和害羞等；社会情绪包括爱、伤害和藐视等。此外，情绪基于驱动因素，如表达性、生理性、认知性、行动、感觉，可划分为多种不同离散型情绪，如愤怒、害怕、厌恶、悲伤和高兴等。离散情绪可描述为对某些特定事件的短暂情感反应，比一般情感如心情（mood）的反应更强烈（Bauer 和 Spector，2015）。本书采用个体内设计，研究不当督导对反生产行为的动态作用机制，而情感是相对稳定的个体特质，情绪和心情具有动态变化性；但心情指没有明确事由的情感反应，因此，本书选取情绪作为员工对领导不当督导行为的瞬时情感反应。Matta 等（2014）认为，在众多离散情绪中，愤怒（anger）、紧张不安（nervousness）、恼火（distress）最能代表情绪的消极感情基调，且反应最强烈。综上所述，本书将情绪界定为个体对特定事由和目标的情感反应，具体研究以愤怒、紧张不安和恼火构成的消极情绪。

四、反生产行为的界定

早期组织行为领域研究主要关注组织公民行为、组织承诺等积极组织行为，学者们对员工消极行为的研究相对缺乏。极少数研究探究了组织负面行为，但他们仅聚焦于某特定形式反生产行为（组织偏差），如偷窃、性骚扰等，缺乏对组织负面行为的概括性、系统性研究。为此，Robinson 和 Bennett（1995）提出，员工反生产行为（员工偏差）构念并系统研究组织负面行为，员工反生产行为指违背重要组织规范、威胁组织及组织成员利益的自愿行为。并根据反生产行为伤害目标，将反生产行为分为组织反生产行为和人际反生产行为。Sackett（2002）认为，反生产行为是工作绩效的一个方面，反生产行为在很大程度上指被组织视为违反其合法利益的组织成员故意行为，具体包括偷窃及相关行为、财产破坏、滥用信息、滥用时间和资源、不安全行为、缺勤、工作低效、吸毒、不当言语、不当肢体行为等 11 种形式。不同于 Sackett（2002）仅从组织被伤害视角界定反生产行为，Fox 和 Spector（2005）将受伤害对象延伸到组织成员、消费者以及其他利益相关者，他认为如果利益相关者利益受到伤害，组织自身利益也会受到伤害。为此，Spector（2005）认为，反生产行为包括伤害或意图伤害组织及其利益相关者利益（顾客、同事、消费者、领导）的自主行为。反生产行为的重要特征是行为本身必须具有目的性，不包括偶然行为，即员工做出选择或决定意图伤害组织及利益相关者。Spector 等（2006）认为，以往研究主要将反生产行为分为组织和人际反生产行为两类，无法明确解释某些具体行为与潜在变量间的关系，如偷窃和欺骗顾客具有不同的预测因素。因此，Spector（2006）将反生产行为分为辱虐他人、生产偏差、破坏、偷窃和退缩五种形式。

Robinson（1995）认为，反生产行为客体主要为组织及其成员，并基于受伤害对象将反生产行为分为组织和人际反生产行为。而 Jelinek 和 Ahearne（2006）基于销售人员的研究发现，反生产行为的目标对象不但包括组织、组织成员，还包括顾客。因此，Robinson（1995）的构念界定不能适应某些特定行业，如服务业，缺乏普适性。为此，Spector（2005）将反生产行为的伤害对象由组织及其成员延伸到组织及其利益相关者，扩大了反生产行为的外延，有助于更好地研究反生产行为。因此，本书采用 Spector（2005）对反生产行为的界定。但 Spector（2005）缺乏对反生产行为维度的详细划分，鉴于组织领域很多行为构念，如冲突、不满意、组织公民行为等均基于行为目标分类（Bennett 和 Robinson，2000），因此，本书基于行为目标划分反生产行为维度。综上所述，本书将反生产行为界定为伤害或意图伤害组织及其利益相关者（顾客、同事、消费者、领导）的自主行为，具体包括组织导向、领导导向、同事导向、顾客导向反生产行为。

五、组织伦理氛围的界定

组织情境是预测员工态度、行为的重要因素，其中，组织氛围被认为是抑制员工负面行为、激发员工积极行为的重要组织因素。组织氛围指组织成员对组织政治、实践和程序的共享认知，包括正式形式和非正式形式（Peterson，2002）。组织氛围包括多种具体形式，如创新氛围、沟通氛围、支持氛围、公平氛围、安全氛围、服务氛围等（Simha 和 Cullen，2012）。在组织氛围研究领域，Victor 和 Cullen（1988）着重强调与组织伦理问题相关的组织氛围，即组织伦理氛围——关于哪些行为是符合伦理要求的，如何处理伦理问题的共享认知。组织伦理氛围有助于：①组织成员判断哪些问题在伦理方面被认为是适当的；②他们可以使用哪些标准来理解、权衡、解决这些问题。伦理氛围的关注重点不在于"什么是正确的或错误的"，而关注员工对组织视为伦理事件的感知情况。大部分后续研究采用这一构念，但也有学者提出不同意见，Dickson 等（2001）赞同对组织伦理氛围内容的描述和界定，但他们认为使用"伦理氛围"术语是有问题的：第一，大部分人看到"伦理氛围"术语时，他们会理解为"氛围通常指整个社会大环境评判个体行为的伦理标准"，而氛围的界定具有地域性，组织中某些氛围从组织视角而言是符合伦理的，但从社会角度而言是不符合伦理的，即组织伦理氛围是基于特定组织情境的界定；第二，伦理氛围通常解释为"关于伦理行为的强烈认同氛围"，然而，一种常见的情况是员工对组织伦理问题的一致认同很低，即弱组织氛围。因此，他主张使用"关于伦理的组织氛围"替代"组织伦理氛围"，但他认同 Victor（1988）的内容界定，即伦理氛围提供了个体行为规范和期望，有助于员工判断哪些行为符合伦理内容和伦理标准，被组织视为适当行动。虽然学者们对组织伦理氛围的构念术语存在不一致性，但 Victor（1988）的内容描述得到了一致认同，因此，本书采用 Victor（1988）的构念界定。在本书中，组织伦理氛围指组织成员关于哪些是正确伦理行为，如何处理伦理问题的共享认知。

第三节　研究假设

一、不当督导与反生产行为

社会交换理论认为，个体主要依靠交换理念建立工作场所中的人际关系

（Harris 等，2013a）。在人际交往中，个体根据自身经历义务性地回应他人——以报答回应施惠，以报复回应侵犯者（Gouldner，1960）。在本质上，员工渴望被领导尊重和关心，根据积极互惠原则，在此种交换关系中，员工将努力工作，保持积极的工作态度。而不当督导以公开批评、漠不关心、大发脾气等方式对待下属，是一种典型的不公平人际对待（Harris 等，2013a）。根据消极互惠原则，作为对消极交换关系的回应，员工将实施伤害组织及其成员的反生产行为（Mitchell 和 Ambrose，2007）。这也符合公平理论的解释，当员工遭遇到领导不公对待时，员工将体验到失去控制感，而反生产行为是其获取平衡感和控制感的最佳方式。此外，部分学者基于社会学习理论解释不当督导对反生产行为的影响机制。社会学习理论强调社会情境引导个体行为的重要性，个体通过观察他人行为模式学习哪种行为是被接受的（Restubog 等，2011）。当个体认为某种行为在其所处环境中是被接受或支持的，不管该行为性质是积极或消极，个体都更倾向于模仿该行为（Mitchell 和 Ambrose，2012b），即组织负面行为将导致员工负面行为。而领导行为更易于成为下属行为的典范，组织代理者—领导展现的行为能塑造组织中的行为模型（Bandura，1979）。因此，不当督导创造了一种攻击氛围，被不当督导员工易将攻击、报复行为视为组织规范，进而滋生员工反生产行为（Mitchell 和 Ambrose，2007）。

基于不同理论视角的研究均证实，不当督导对员工反生产行为具有显著的预测作用。Chang 等（2013）以中国台湾地区样本研究不当督导对反生产行为的影响效果，他们认为组织认同感和不认同感并非同质结构，结果发现，不当督导能引起员工不认同感，从而导致反生产行为，而不当督导对组织认同感的影响效果不显著，即不当督导不会通过认同感影响反生产行为。Chu（2014）基于情绪视角研究不当督导与反生产行为的关系，通过对 212 名护士人员的调查发现，不当督导会导致员工产生毒性情绪，从而引起员工反生产行为。这些研究论证不当督导会导致员工反生产行为，但未区分反生产行为的针对目标。学者们普遍认同反生产行为可分为组织反生产行为和人际反生产行为，研究发现，不同反生产行为的影响因素存在差异，情感因素对人际反生产行为的影响效果更强，认知因素对组织反生产行为的影响效果更强（Lee 和 Allen，2002）。

基于组织公平、社会交换、组织公民行为、组织承诺的研究发现，员工对不同组织主体表现出不同的行为、态度。具体而言，组织中包括组织、领导、同事、顾客、团队等多个主体。多焦点法基于多重组织对象研究组织现象，基于多焦点视角的研究发现，组织领域众多现象存在目标相似效应，组织公平影响组织信任、组织承诺和组织认同，进而产生组织导向公民行为；领导公平影响领导信任、领导承诺和领导认同，进而产生领导导向公民行为（Lavelle 等，2007）。

Hershcovis 和 Barling（2010）基于多焦点视角，研究不同来源攻击行为对员工态度、行为的影响效果，结果发现，领导攻击对员工行为（偏差行为、工作绩效）、态度（工作满意度、情感承诺、离职倾向）的影响效果最大；同事攻击比外部攻击对员工行为、态度的影响效果大；三种攻击行为对员工健康（沮丧、情绪耗竭、幸福感）的影响效果不存在显著差异。

研究表明，行为具有多焦点特征，从反生产行为的界定——伤害或意图伤害组织及其利益相关者（顾客、同事、消费者、领导）的自主行为，可推知反生产行为也为多焦点构念。现有文献缺乏对多种导向反生产行为的系统研究，学者们主要研究不当督导对员工组内导向反生产行为（组织导向、领导导向反生产行为）的影响效果。而顾客导向反生产行为的研究主要聚焦于市场领域，大多数研究检验了顾客行为对顾客导向反生产行为的影响效果，鲜有研究涉及不当督导行为与顾客导向反生产行为的关系研究。本书通过对不同领域相关文献梳理，系统研究不当督导对不同导向反生产行为的影响效果。

反生产行为具有目的、目标导向性，报复在攻击、工作偏差等反生产行为中充当重要角色，报复指受到侵犯者伤害后，有目的地惩罚侵犯者的回击行为（Skarlicki 和 Folger，1997）。关于攻击行为的研究发现，个体通过报复回应他人的攻击行为，且直接报复伤害实施者。感知不公、不信任是报复行为的重要预测因素，遭遇组织、领导不公对待，报复将成为员工的理性、成熟选择（Mitchell 和 Ambrose，2007）。而不当督导是人际不公的主要来源（Bradfield 和 Aquino，1999），作为对施害者的直接报复，被不当督导员工可能直接实施针对领导的反生产行为，即领导导向反生产行为（Hershcovis 等，2007）。这也符合 Wang 等（2012）对领导导向反生产行为的界定：为使侵犯者（领导）付出代价的员工报复行为。

根据抗击理论，当个体感觉行为受到不公正控制时，他们会试图通过其他行为解除限制（Wright 和 Brehm，1982）。研究发现，被不当督导员工会通过领导导向反生产行为展现其重要性及控制能力，其作用效果受心理授权的调节效应，心理授权反映员工对组织角色的信念，影响他们实施主动性反生产行为的程度，心理授权越高，员工通过领导导向反生产行为抗击不当督导的倾向越高（Mackey 等，2014）。此外，不当督导存在溢出效应——个体不能或不愿直接报复不当督导，选择攻击其他对象，特别是与不当督导相似者。Inness 等（2005）研究员工在两份工作（两个不同领导）中实施领导导向攻击行为的原因，结果发现，员工被不当督导经历（第一份工作）不仅对第一位领导导向攻击行为具有显著的预测效果，也显著影响员工针对第二位领导的攻击行为（控制第二位领导对员工的不当督导行为）。总之，现有研究发现，不当督导是领导导向反生产行为的重要预测因素（Lian 等，2014a；Liu 等，2010b；Wang 和 Jiang，2014）。据此，本书推论，员工每天被不当督导经历影响员工每天向领导实施反生产行为的倾向。

H1a：每日感知不当督导与每日领导导向反生产行为显著正相关。

员工将领导视为组织代理者，一方面，领导作为组织代理者，组织应为领导行为决策负责，组织有义务和权力阻止领导不当督导行为；另一方面，领导行为代表组织利益，领导利益和组织利益高度重叠（Sulea 等，2013；Thau 等，2009）。因此，员工易将领导不当督导行为归因于组织不作为，报复组织成为回击领导不当督导行为的有效途径。Bowling 和 Michel（2011）研究认为，员工面对领导不当督导行为会采用三种方式归因，归因于员工自身、归因于领导、归因于组织，当员工将不当督导行为归因于组织时，员工便会实施伤害组织的反生产行为。Lian 等（2012b）认为，领导不当督导行为威胁员工基本需求，如被领导认可需求，消耗员工情感、认知资源，导致员工不能按规范控制其行为，研究证实，不当督导通过威胁基本需求满意度影响员工组织导向反生产行为，领导成员交换关系质量在其作用过程中起调节作用。此外，不当督导还会通过人际公平、情感承诺的中介作用影响组织导向反生产行为（Wang 等，2012；Tepper 等，2008）。据此，本书推论，员工每天被不当督导经历影响员工向组织实施反生产行为的程度，当天被领导不当督导的员工转而向组织实施反生产行为的倾向更大。

H1b：每日感知不当督导与每日组织导向反生产行为显著正相关。

被不当督导员工实施反生产行为出于自我服务和自利动机，个体行为表现的前提条件是预期收益高于预期成本，而领导位高权重，掌控升职加薪、专业知识、任务分配等重要工作资源，直接报复领导无法获利，因此，员工会替代攻击其他成员（Wang 等，2012）。替代攻击理论认为，被不当督导员工会针对其他无辜者（同事）实施反生产行为，较之不当督导行为实施者（领导），同事权力更小，与员工接触更多，因此，同事成为被不当督导员工发泄不满的方便、安全对象（Harris 等，2013b；Mackey 等，2014）。Wheeler 等（2013）根据自我监管理论研究不当督导与同事导向反生产行为关系，个体用于自我监控的认知资源是有限的，被不当督导员工需要花费更多认知资源来解释、理解其被不当督导经历，因此，被不当督导缺乏约束其行为的必要认知、情感资源。结果发现，不当督导会引起员工情绪耗竭，进而导致同事导向反生产行为。Wang 等（2012）研究发现，不当督导通过人际不公影响同事导向反生产行为。Mitchell 和 Ambrose（2007）未直接提出同事导向反生产行为构念，其研究发现，不当督导与非领导人际反生产行为（主要指员工针对同事的反生产行为）显著正相关。据此，本书推论，员工每天被不当督导经历影响员工向同事实施反生产行为的程度，当天被领导不当督导的员工转而向同事实施反生产行为的倾向更大。

H1c：每日感知不当督导与每日同事导向反生产行为显著正相关。

顾客导向反生产行为指员工行为意图伤害顾客利益，会降低顾客满意、忠诚度，从长期看影响组织利益，具体包括使用欺骗性销售策略、忽视服务标准和规则（Chi 等，2013；Yoo 和 Frankwick，2013）。顾客导向反生产行为的研究主要集中在市场营销领域，研究发现，顾客行为是导致顾客导向反生产行为的首要因素（Shao 和 Skarlicki，2014）。然而除顾客外，领导是员工工作压力的重要来源，研究发现，领导与员工之间高质量关系直接影响员工主动行为（Skarlicki 等，2016）。组织领域研究尚未涉及领导行为对顾客导向反生产行为的影响，Jian 等（2012）研究发现，不当督导与员工服务绩效显著负相关，而顾客导向反生产行为是服务业员工工作绩效的重要维度（Hunter 和 Penney，2014）。一方面，服务业员工大部分时间用来服务顾客、与顾客沟通交流，对他们而言，向顾客实施反生产行为的概率更大，即被不当督导员工不仅可以实施针对组织以及内部成员的反生产行为，也可以实施针对组织外部相关者的反生产行为（Jelinek 和 Ahearne，2006）；另一方面，被不当督导员工实施顾客导向反生产行为有损组织形象和领导绩效，从而达到间接损害组织及领导利益的目的。因此，服务业员工的被不当督导经历不仅导致组织内部反生产行为，对顾客导向反生产行为也具有显著的预测作用。据此，本书推论，员工每天被不当督导经历影响员工向顾客实施反生产行为的程度，当天被领导不当督导的员工转而向顾客实施反生产行为的倾向更大。

H1d：每日感知不当督导与每日顾客导向反生产行为显著正相关。

权力依赖理论（power - dependence theory）认为，个体依赖性与其权力负相关，在权力不平衡的人际关系中，个体依赖资源丰富的一方，依赖性约束自我利益的实现方式（Molm，1988），因此，若受害者权力地位低于侵犯者，受害者报复倾向更小。威慑理论（deterrence theory）也指出，在人际关系中，当报复成本过高时，低权力者将避免直接报复高权力者（Wang 等，2012），员工报复不当督导的成本包括领导持续性的敌对态度、关系恶化、晋升机会减小等（Tepper 等，2007）。鉴于领导处于反报复的有利位置，被不当督导员工直接报复领导的倾向较小，更可能将组织作为发泄对象。一方面，领导是组织的代表者，组织应对其持续性反生产行为负责；另一方面，相对于报复领导，报复组织的成本更低，因此，不当督导对组织导向反生产行为的影响强于对领导导向反生产行为的影响。

此外，研究发现，被不当督导者还可能向同事发泄不满情绪。基于内疚理论，我们推测不当督导对同事导向反生产行为的影响最弱。移情是与他人情感经历相近时的情绪反应（Eisenberg 和 Fabes，1990），移情性悲伤、痛苦能引发个体内疚感，内疚指个体行为违背道德或伤害他人而产生的愧疚、不安等情绪反应（Tangney，1995）。内疚是一种建设性道德情感，可以抑制不道德行为（刘雯雯，2012）。被不当督导员工深知被伤害的痛楚，当他们把无辜同事作为报复、发泄对象时，移情性悲痛将引发其内疚感。内疚源于人与人之间的相互交往，以促进人际发展为动机，而在工作场所中，同事关系是员工寻求归属感的重要途径（Baumeister 等，1994）。因此，受内疚情绪影响，被不当督导者将同事作为发泄对象的可能性更小。此外，对被不当督导员工而言，顾客也是无辜者，员工实施顾客导向反生产行为同样受内疚情绪影响，但不同之处在于：一方面，被不当督导员工实施顾客导向反生产行为有损组织形象和顾客忠诚度，能间接损害组织利益；另一方面，同事关系是相对稳定关系，而员工—顾客关系为暂时性关系。因此，员工实施顾客导向反生产行为的倾向高于同事导向反生产行为，但低于直接伤害组织及领导利益的组织导向和领导导向反生产行为。因此，我们提出如下假设：

H2：每日感知不当督导对每日反生产行为的影响强度依次为组织导向、领导导向、顾客导向、同事导向反生产行为。

二、消极情绪的中介效应

情绪一直是组织行为研究领域的热点话题，是组织生活中不可避免的固有成分，尤其是工作场所人际关系，其本质即为情感互动过程（Ashkanasy 和 Daus，2002）。George（2000）认为，社会影响过程离不开情感，领导管理过程更是充满情感因素。领导职责不仅包括教导、授权、激励、沟通、倾听、决策，有效管理领导成员互动过程中的情绪、情感需求成为管理实践中越来越重要的领导职责（Siebert-Adzic，2012）。McColl-Kennedy 和 Anderson（2002）强调，领导行为对诱发员工情感经历的重要作用，在组织中，领导—成员间形成多种互动关系，复杂的互动情境使员工产生多种不同情绪反应。Humphrey（2002）研究发现，组织领导关心、响应员工需求，有助于管控员工情绪反应，如领导关心可削弱员工嫉妒情绪，低质量交换关系导致员工负面情绪增加（Vecchio，2000）。而变革型领导实为基于情绪过程的管理方式，研究证实，变革型领导可预测员工沮丧、恼火等情感体验（McColl-Kennedy 等，2002；Dasborough 和 Ashkanasy，2002）。

在工作场所中，消极情绪具有无数种来源，如工作关系，尤其与直接领导、管理者关系（Game，2008）。Glasø 和 Einarsen（2006）认为，领导成员关系是员工消极情绪反应的重要来源，员工在与领导互动过程中会产生四种相关情绪，其中三种是负面情绪，如沮丧、愤怒等情绪。研究证实，领导负面反馈能显著影响员工消极情感反应，领导消极反馈会增加员工失望、挫败情绪反应的频率和强度

（Belschak 和 Den Hartog，2009）。然而，领导为何会影响员工情绪反应？可从以下两点理解：①领导直接评价员工工作绩效，领导互动过程影响绩效评估结果，绩效评估结果影响员工情绪反应；②员工在工作场所中的自主性需求受领导限制，领导在互动过程中密切关注员工行为，导致员工产生被监管、控制感觉，从而产生恼怒等情绪反应（Bono 等，2007）。

根据情感控制理论，个体情绪反应与情境相一致（Chebat 和 Slusarczyk，2005），极易受外部因素影响，随着情境动态变化（Yi 和 Gong，2008）。认知评价模型认为，情绪指个体对事关自身福祉情境的体验、评价。简言之，情绪是我们对情境事件的反应，指导我们的行动。认知评价模型分为两个阶段：①初次评价，个体主要评价事件、经历的核心意义，即目标一致性；②二次评价，个体需要采取哪些适当行动处理、应对该事件。初次评价中，如果事件缺乏意义和相关性，不管结果怎样，都不会产生情绪反应，二次评价产生情绪反应，并思考采取何种措施帮助个体恢复幸福感（Lazarus，1991；Khan 等，2013）。组织公平事关每个员工的个人福祉，因此，组织领域通常基于公平情境研究情绪反应，不公平情境被视为理解情绪评价模型的特例（Barclay 等，2005）。研究发现，情绪主要源自个体对组织决策、管理行为的不公平感知，感知不公平通常导致员工愤怒、敌对、恼火等消极情绪（Barclay 等，2005）。Fitness（2000）发现，领导不公平对待是员工愤怒情绪的重要来源。Miner 等（2005）发现，80% 的领导成员互动关系是积极的，20% 的领导成员互动关系是消极的，但是消极领导成员互动关系对员工情绪的影响效果是积极领导成员互动关系的 5 倍。

现有研究尚未直接探讨领导不当督导行为对员工消极情绪的作用效果，但已有研究证实，领导公平是员工情绪反应的重要来源。不当督导指领导以敌对、不尊重、不礼貌的方式对待下属，是一种典型的人际不公对待，是对员工工作表现的消极反馈。综上所述，本书推论，作为一种不公平的负面领导行为，不当督导将导致员工负面情绪反应，此外，现有研究证实，不当督导对员工毒性情绪具有显著的正效应（Chu，2014）。

面对压力情境，个体可选择多种应对策略，根据此性质可将这些措施、策略分为两类：问题聚焦策略和情绪聚焦策略。问题聚焦策略指直接从问题来源处理策略，减少或消除压力源，具体包括：提供解决问题方案、评估方案、逐步解决问题等；情感聚焦策略旨在减少个体面对压力的消极情绪反应，具体包括：发泄情绪、寻求社会支持、参加其他活动使自己分心、吸毒酗酒等（Baker 和 Berenbaum，2007；Skinner 等，2003）。在组织中，员工在职场压力情境下，既可能产生积极情绪，也可能产生消极情绪，但更易于产生消极心境与行为。Spector 和 Fox（2005）的反生产行为"压力—情绪模型"认为，反生产行为源于员工应对压力的消极情绪反应，高度强调消极情绪在压力影响反生产行为过程中的作用。Chen 等（2013）研究发现，情绪反应程度影响实际行为，消极情绪高的员工更可能实施反生产行为，不管员工消极情绪体验源自何处。Bauer 和 Spector（2015）具体研究各种离散情绪对反生产行为的影响效果，结果发现，愤怒情绪显著影响辱虐他人、偷窃、恶作剧和社会阻抑四种反生产行为；羞辱情绪（shame）显著影响反生产行为、辱虐他人、生产偏差、退缩行为、偷窃和社会阻抑六种反生产行为；厌烦情绪显著影响反生产行为、生产偏差、退缩行为和恶作剧四种反生产行为；嫉妒、悲伤情绪分别影响辱虐他人与生产偏差。总之，现有研究证实，消极情绪对反生产行为具有显著的预测作用。

根据情感事件理论，组织环境因素能导致一系列情感事件，既包括"令人厌烦"的消极事件，也包括"令人振奋"的积极事件，这些事件直接影响员工情绪反应（Dasborough，2006），而情感反应直接影响情感驱动型行为，如自发性的帮助行为或伤害行为，此外，情感反应通过态度的中介作用间接地影响认知驱动型行为，如离职行为。领导作为关键性组织环境因素，是员工情感事件经历的主要源泉，领导可通过一系列言行激发员工情绪反应，如提出工作要求、提供工作绩效反馈等（Matta 等，2014；Weiss 和 Cropanzano，1996）。在管理实践中，领导既能使员工产生积极情绪，进而激发员工正面行为；也能使员工产生消极情绪和压力进而诱发员工负面行为。实证研究证实，情绪在领导影响员工工作绩效过程中起中介作用，变革型领导能激发员工积极情绪，进而影响员工工作绩效和帮助同事行为（Tsai 等，2009）。消极情绪不仅是感知组织不公的结果变量，也是连接组织不公平与员工行为的作用路径，如退缩行为、报复行为、组织公民行为等（Kelly 和 Barsade，2001；Sy 等，2005）。

少数学者以情感事件理论为基础研究反生产行为的触发机制，Khan（2003）基于此探究公平情境影响反生产行为的情感机制，他认为分配公平、程序公平通过悲伤情绪影响退缩行为，通过愤怒情绪影响辱虐他人和生产偏差；结果发现，只有分配公平通过愤怒情绪的中介作用影响辱虐他人和生产偏差（Khan 等，2013）。Yang 和 Diefendorff（2009）通过个体间研究设计发现，情绪在领导人际不公与人际反生产行为关系间起完全中介作用，在顾客人际不公与组织反生产行为关系间也起完全中介作用。组织压力是诱发反生产行为的又一重要因素，研究证实，人际冲突、组织制约、工作超载、缺乏支持等压力情境会诱发员工消极情绪，进而导致人际和组织反生产行为（Fida 等，2014）。Matta 等（2014）论证了工作事件通过消极情绪反应影响人际、组织反生产行为的中介作用机制，通过对 50 名计算机编程员的 10 天追踪研究发现，消极情绪反映在工作事件影响员工组织、人际反生产行为过程中起中介作用。但 Matta（2014）未界定具体工作事件，Belschak 和 Den Hartog（2009）具体研究了领导反馈事件对反生产行为的影响机制，结果发现，绩效反馈对反生产行为没有显著的直接效果，但绩效反馈会通过失望、愤怒情绪的中介作用显著影响反生产行为。

综上所述，情感事件理论是理解领导行为—情绪反应—员工行为的重要理论基础。根据该理论，领导行为是导致员工情绪反应的重要事件源，而员工情绪直接影响情感驱动型行为。当领导以不当督导行为对待员工时，员工会体验到更多消极情绪，而反生产行为成为员工发泄消极情绪的重要应对策略。认知理论认为，反生产行为是员工对组织、领导不公对待的报复行为，属于认知驱动型行为，而本书认为，反生产行为是员工应对领导负面行为的情绪宣泄行为，被不当督导员工实施反生产行为缺乏明确的目标针对性，仅为发泄对领导不公对待的不满情绪，属于情感驱动型行为。综上所述，员工每日被不当督导经历直接导致每日消极情绪的动态波动，在消极情绪的影响下，员工反生产行为的攻击对象既可能是组织和领导，也可能是员工频繁接触的无辜者，如同事和顾客。据此，本书推论，每日消极情绪在每日感知不当督导影响每日组织导向、领导导向、同事导向、顾客导向反生产行为的过程中起中介作用。

H3：每日消极情绪在不当督导与组织导向（3a）、领导导向（3b）、顾客导向（3c）、同事导向反生产行为（3d）的个体内关系中起中介作用。

三、组织伦理氛围的调节效应

组织伦理氛围指组织成员关于"哪些行为符合伦理，如何处理伦理问题"的共享认知，伦理氛围被理解为引导伦理结果的组织程序、政策和实践规范（Martin 和 Cullen，2006），代表组织伦理规范，指导组织成员何事可以做，何事应该做（Victor 和 Cullen，1988）。Victor（1988）系统研究组织伦理氛围的结构维度（如表 3 - 1 所示），维度 1 以伦理哲学为基础，代表组织决策的伦理规范，具体包括：利己主义、仁慈和原则。利己主义指行为和决策基于自我利益；仁慈指行为、决策力图为多数人创造最大利益；原则指基于法律、规则和程序做决策。维度 2 以社会学理论为基础，代表伦理决策的分析目标，具体包括：个体、组织和世界。个体分析目标聚焦个体自我利益；组织分析目标关注组织需求；分析目标聚焦更大的社会经济系统，包括组织。根据三种伦理规范和三种分析目标，可将伦理氛围划分为九种形式，实证研究发现，九种伦理氛围可析出五个共同因子。根据现有研究成果，五因子伦理氛围具体内容：关怀性伦理氛围包括基于个体、组织和世界目标的仁慈规范以及基于世界目标的自私规范；自利性伦理氛围包括基于个体、组织目标的自私规范；独立性伦理氛围指基于个体目标的原则规范；规则性伦理氛围指基于组织目标的原则规范；

法律法规伦理氛围指基于世界目标的原则规范（Martin 和 Cullen，2006；Victor 和 Cullen，1988）。

表 3 - 1　Victor（1988）组织伦理氛围结构

	个体	组织	世界
利己	自利氛围 自私	公司利润	效率
仁慈	友谊	关怀氛围 团队利益	社会责任
原则	独立氛围 个人道德	规则氛围 公司规则、程序	法规氛围 法律法规

　　组织伦理价值作为组织内隐行为准则，使员工获知行为奖罚标准，成为员工伦理决策和行为表现的有效指导方针（Biron，2010）。组织伦理氛围不仅指引员工伦理行为，也影响员工负面行为，诸如迟到早退、缺勤、收受回扣、偷窃、欺凌行为、攻击行为、反生产行为等严重威胁组织利益的行为表现（Peterson，2002；Briggs 等，2012；Vardaman 等，2014）。研究发现，不同组织间的伦理氛围存在较大差别，并非所有组织都存在五种伦理氛围，例如，独立氛围在新成立组织中更普遍，法律法规氛围主要存在于军事机构。五种伦理氛围对反生产行为的影响效果也不一致，其中，关怀氛围、规则氛围、自利氛围与反生产行为关系最紧密（Chen 等，2013）。因此，本书主要探究伦理氛围对服务业员工反生产行为的缓冲作用，鉴于上述分析，本书选取普遍存在于一般组织之中，且与反生产行为密切相关的伦理氛围，即关怀氛围、规则氛围、自利氛围。

　　情绪仅是行为的诱发因素之一，不能忽视影响行为的其他因素（Spector 和 Fox，2002）。消极情绪对员工反生产行为的影响效应，从本质上而言为情绪克制及调节问题，受到社会情境的影响（王宇清等，2012）。控制理论为理解情绪调控过程奠定了基础，控制理论的核心为负反馈环，包括输入功能、标准、对比和输出功能四个成分。根据控制理论，个体情绪状态体验为信息输入，员工行为表现为信息输出，员工将情绪表现规则作为情绪输入的比较标准，当情绪输入与表现规则不一致时，员工将通过改变行为纠正偏差；当情绪输入与表现规则一致时，员工继续按照当前情绪状态输出行为。该模型认为，行为是个体与环境交互作用的结果，情绪的输出结果受情境因素影响（Diefendorff 和 Gosserand，2003）。根据该理论模型，员工在消极情绪状态下实施反生产行为符合一般情绪表现规则，但组织伦理氛围打破了消极情绪输入与情绪表现规则之间的平衡感，关怀、规则伦理氛围要求员工情绪表现符合组织规则和他人利益，提高了组织成员情绪表现规则；而自利伦理氛围导致员工情绪表现以自我利益为中心，忽视其他各方利益，属于低情绪表现规则。因此，反生产行为作为员工消极情绪状态的输出结果，组织伦理氛围作为情境因素调控消极情绪的输出结果。

规则氛围强调遵守组织政策和程序、组织原则，规章制度成为组织决策、行为的主要指导方针（Chen 等，2013；Wang 和 Hsieh，2012）。组织规则氛围明确组织提倡哪些行为，反对哪些行为，规定了组织成员行为的对错划分标准，以及惩罚措施。组织规则氛围强调影响员工消极情绪输出的自由度，组织规则氛围越强，组织对员工行为表现的要求、约束力越大，员工违背组织规范的成本越高。因此，员工通过反生产行为发泄消极情绪的自由程度越低。按照组织伦理氛围的分析目标，规则氛围主要以组织为目标，但组织规则并非局限于组织自身，组织规则涉及员工在工作场所中所有活动内容，其受益对象不仅包括组织、组织内部成员，也包括组织外部利益相关者。因此，本书推论，规则氛围作为相对稳定的组织约束因素，有助于减少员工每日因消极情绪而向组织、领导、同事、顾客实施反生产行为的倾向。

H4：规则氛围在消极情绪与组织导向（4a）、领导导向（4b）、顾客导向（4c）、同事导向反生产行为（4d）的个体内关系中起跨层调节作用。

自利氛围基于自利主义做决策，个体行为仅关注自身利益，不顾规则或他人利益，缺乏制止不道德行为的组织政策，组织甚至默认此类行为。在所有伦理氛围中，自利氛围对不道德行为的影响最强（Appelbaum 等，2005）。组织自利氛围越弱，员工在行为决策过程中越可能关注组织及其他成员利益（Chen 等，2013）。在消极情绪状态下，组织自利氛围越强，员工越不关心他人及组织利益，越注重自身感受，员工通过反生产行为发泄消极情绪的倾向越大。自利氛围分析目标包括个体和组织，因此，我们认为自利氛围作为相对稳定的个体间变量，不仅调节消极情绪与组织导向反生产行为间的个体内关系，在消极情绪与个体导向反生产行为（领导导向、同事导向、顾客导向反生产行为）的个体内关系中起调节作用。

H5：自利氛围在消极情绪与组织导向（5a）、领导导向（5b）、顾客导向（5c）、同事导向反生产行为（5d）的个体内关系中起跨层调节作用。

关怀氛围鼓励员工行为决策符合仁慈准则，是激发员工亲社会行为动机的重要因素（Chen 等，2013）。关怀氛围强调行为决策最大限度地符合多数人利益，符合组织和社会利益，其中，既包括组织内部成员，也包括组织外部利益相关者（Vardaman 等，2014）。在关怀氛围下，既要求员工关心自身情绪状态、心理感受、个人权益，也要求员工关心组织及他人感受、利益。根据情绪输入—情绪输出系统，员工在消极情绪状态下会输出反生产行为结果，组织伦理环境影响消极情绪到反生产行为的转化程度。关怀氛围要求员工情绪表现不能仅基于自身利益考虑，还需考虑组织及他人利益，关怀氛围越强，员工情绪表现标准越高，员工通过伤害他人行为、利益发泄自身情绪的倾向越小。因此，关怀氛围作为一种非正式情感表现约束机制，有利于降低员工在消极情绪状态下，反生产行为的输出水平。关怀氛围的目标包括组织内外部利益相关者，这与多焦点反生产行为目标具有一致性，据此，本书推论关怀氛围作为相对稳定的个体间变量，在消极情绪与组织、领导、同事、顾客导向反生产行为的个体内关系中起调节作用。

H6：关怀氛围在消极情绪与组织导向（6a）、领导导向（6b）、顾客导向（6c）、同事导向反生产行为（6d）的个体内关系中起跨层调节作用。

四、假设汇总

综上所述，本书主要检验的理论假设如表3-2所示。

表3-2 假设汇总

假设	假设内容
H1	每日感知不当督导与每日组织导向（1a）、领导导向（1b）、顾客导向（1c）、同事导向反生产行为（1d）显著正相关
H2	每日感知不当督导对每日反生产行为的影响强度依次为组织导向、领导导向、顾客导向、同事导向反生产行为
H3	每日消极情绪在不当督导与组织导向（3a）、领导导向（3b）、顾客导向（3c）、同事导向反生产行为（3d）的个体内关系中起中介作用
H4	规则氛围在消极情绪与组织导向（4a）、领导导向（4b）、顾客导向（4c）、同事导向反生产行为（4d）的个体内关系中起跨层调节作用
H5	自利氛围在消极情绪与组织导向（5a）、领导导向（5b）、顾客导向（5c）、同事导向反生产行为（5d）的个体内关系中起跨层调节作用
H6	关怀氛围在消极情绪与组织导向（6a）、领导导向（6b）、顾客导向（6c）、同事导向反生产行为（6d）的个体内关系中起跨层调节作用

第四章 研究设计与预测试

第一节 研究方法

组织行为领域研究常采用横截面研究设计，此类研究设计通常将个体视为基本分析单位，更高层次分析单位是团队、组织。然而，如果以个体为分析单位，统计分析主要揭示不同个体之间差异，即个体间差异，其隐含的假设是研究现象不随时间改变，其具有相对稳定性。但实践中，组织行为具有离散性和动态性，即使缺乏外部环境变化，这些行为也随时间波动。传统个体间研究无法解释行为在短期内的变异量，而日记研究为分析此类动态数据提供了新视角。不同于传统横截面研究设计的数据收集方式，日记研究基于"天"收集数据，甚至一天收集几次数据，收集短期内数据，记录组织现象的动态变化。根据日记研究法，组织领域学者可研究工作情境中员工想法、感觉和行为，以及工作情境的每日波动情况。传统研究设计通常在某一时间点收集数据，或是收集间隔数月、数年的纵向数据，被调查者对过去情绪、行为的回忆易被记忆错误、当前情绪污染，而日记研究法聚焦于当天情况，有利于减少传统调研中的回忆偏差（Fisher 和 To，2012）。

日记调研问卷通常包括一系列开放性或标准性问题，同一份问卷要求被调查者每天填写一次甚至多次。即被调查者在短期内每天重复回答相同问题，容易使被调查者形成倦怠、厌烦情绪，可能影响他们参与意愿。因此，被调查者每天填写问卷的时间不能超过 5~7 分钟，基于时间限制，问卷中每个构念的测量题项一般不能超过 5 条。日记研究中通常采用缩减版量表，或是单条题目测量构念，缩减版量表通常选取因子载荷最高题项、最能代表原有构念题项，同时，所选题项要求随时间变化具有动态波动性（Ohly 等，2010）。激发被调查参与意愿是日记调研的重点和难点，在现有研究中，学者们主要通过金钱或彩票激发人们参与热情，承诺研究结束后提供个性化反馈也是一种有效激励方式。此外，研究发现，研究者与参与者之间建立友好关系，经常与他们联系，也可以增强人们参与意愿（Green 等，2006）。基于普适性、统计效力、预算限制等因素，一般而言，日记研究中个体间层次样本量低于 30 可能导致结论偏差，综观顶级期刊的日记研究样本，个体间层次样本量至少 100 人，每人至少调查 5 天（Scherbaum 和 Ferreter，2009）。日记研究假设通常包括三类：①变量随时间变化；②短期内变量间关系；③稳定特征和短期变量间关系。第一种假设研究变量随时间变化趋势，通常采用潜在增长曲线模型和时间序列法验证；第二、三种假设通常采用多层分析法，因为每天观察值嵌入在个体间层次，即每日观察值为层次 1 变量，个体稳定特征或情境特征为层次 2 变量（Grech 等，2009）。

第二节　变量测量

一、不当督导的测量工具

Tepper（2000）最早提出不当督导构念，不当督导反映下属对领导不当对待的感知水平，他认为不当督导是单维构念，并开发了不当督导的单维测量工具（如表 4-1 所示）。Teeper 基于其他关系中（如夫妻关系）的非身体不当督导行为构建领导不当督导测量内容，最初包括 20 条题项，并将这些题项分为：非身体不当对待、身体不当对待和其他类型。然后，召集 68 名 MBA 学生对上述 20 条题项进行分类，结果发现非身体不当对待，即不当督导包括 15 条题项，这些题项均以"我的领导"开头。该量表采用李克特五点表示法测量，1 表示领导从未用此种行为对待我；2 表示领导很少用此种行为对待我；3 表示领导偶尔用此种行为对待我；4 表示领导时常用此种行为对待我；5 表示领导以此种行为对待我非常常见。该量表成为不当督导研究中最常用测量工具，大量文献论证该量表具有良好的信度和效度。

表 4-1　不当督导测量工具

测项
1. 我的领导嘲讽我
2. 我的领导认为我的想法和感觉很愚蠢

续表

测项
3. 我的领导对待我的态度冷漠
4. 我的领导在其他人面前贬低我
5. 我的领导侵犯我的个人隐私
6. 我的领导提醒我以前的错误和失败
7. 我的领导在需要付出很多努力的工作上不信任我
8. 我的领导明明是他自己的过错却责怪我
9. 我的领导不守承诺
10. 我的领导因为其他原因迁怒于我
11. 我的领导在别人面前对我进行负面评价
12. 我的领导粗鲁地对待我
13. 我的领导不让我和同事交往
14. 我的领导说我无能
15. 我的领导对我说谎

Aryee 等（2008）认为，员工对不当督导的感知水平存在文化差异，Tepper（2000）的不当督导量表中有 5 条题项不适用于中国文化情境，这 5 条题项为：我的领导在其他人面前贬低我；我的领导侵犯我的个人隐私；我的领导不守承诺；我的领导不让我和其他同事交往；我的领导对我说谎，另 10 条题项具有文化中性，适用于中国文化情境。基于中国文化情境的研究证实，删减后的不当督导量表具有良好的信效度，其内部一致性系数达 0.89（Aryee 等，2007）。Mitchell 和 Ambrose（2007）通过对 Tepper（2000）不当督导原始数据的探索性因子分析和验证性因子分析发现，不当督导可分为主动型和被动型两个维度。主动型不当督导行为包括 5 条题项：①我的领导侵犯我的个人隐私；②我的领导在需要付出很多努力的工作上不信任我；③我的领导明明是他自己的过错却责怪我；④我的领导不守承诺；⑤我的领导对我说谎。被动型行为包括 5 条题项：①我的领导嘲讽我；②我的领导认为我的想法和感觉很愚蠢；③我的领导在其他人面前贬低我；④我的领导在别人面前对我进行负面评价；⑤我的领导说我无能。现有文献中该量使用率较高，其使用频率仅次于 Tepper（2000）单维量表，研究证实该量表具有良好的信效度。

上述量表测量内容略有不同，但均以 Tepper（2000）单维量表为基础。Wulani 等（2014）认为，文化情境影响员工对不当督导行为的主观感知水平，Teeper（2000）基于美国文化情境开发了不当督导单位量表，美国属于低权力距离文化背景，而印度尼西亚属于高权力距离文化情境，因此，Tepper（2000）单维不当督导量表可能不适用于印度尼西亚文化情境。为此，他基于印度尼西亚文化背景又开发了不当督导三维量表。通过对 23 名参与者的半结构化访谈获取 99 种领导不当督导行为，经过 6 名专家分析讨论及因子分析，最终发现不当督导包括三个维度：被动型不当督导行为、愤怒激发型不当督导行为和耻辱激发型不当督导行为。愤怒激发型不当督导行为包括 6 条题项，指领导发泄愤怒情绪的言语行为，如在他人面前训斥下属；耻辱激发型不当督导行为包括 4 条题项，指来自领导的语言和非语言行为，如领导辱骂和威胁下属、领导对下属不满而捶击桌子等；主动型不当督导行为包括 15 条题项，指领导为使下属完成工作任务的非语言行为。研究发现，只有耻辱激发型不当督导行为与美国文化情境下的不当督导行为相似水平较高，其他题项在以往不当督导研究中较少出现。

从上述文献梳理发现，学者们通常采用 Tepper（2000）单维量表测量不当督导，因此，本书也采用 Tepper（2000）量表作为测量工具。由于本书采用日记追踪法收集数据，受问卷题量限制，本书根据上述日记追踪法缩减量表要求，对不当督导 15 条题项进行缩减，根据不当督导行为每日发生可能性以及每条题项载荷，本书最终选取 5 条题项测量不当督导行为。本书中不当督导为个体内变量，需每天追踪调研，因此，我们将原始量表引导语修改为："今天，我的领导……"

二、消极情绪的测量工具

PANAS 量表（Positive and Negative Affect Schedule）是情绪研究最常用的测量工具，积极情绪反映个人热情、活跃、谨慎程度，高积极情绪反映个体精力充沛、全神贯注、愉快投入，低积极情绪个体容易伤感、死气沉沉。相反，消极情绪一般形容沮丧、不开心，包括多种负面情绪，如愤怒、轻视、厌恶、内疚、害怕、紧张不安等，低消极情绪个体比较平静。为简单有效地测量情绪构念，Watson（1988）设计包含大量情绪术语的问卷，并对调查数据进行探索性因子分析：排除因子载荷小于 0.4 的条目，每条题项要么属于积极情绪因子，要么属于消极情绪因子，即排除交叉载荷项，每条题项在另一因子载荷绝对值不能高于 0.25。结果发现，积极情绪可用"充满热情、兴趣盎然、坚决果断、激动不已、鼓舞人心、机灵警惕、积极主动、坚强的、自豪的、专心的"10 个形容词测量。消极情绪可用"害怕的、担心的、心烦意乱、苦恼的、紧张不安、神经质、羞愧的、内疚的、易怒的、敌意的"10 个形容词测量。该量表采用李克特五点表示法，分别为"一点也不、有一点、中等、相当多、非常多"。该量表可用多种时间引导语，如"现在，您感到；今天，您感到；过去几天，您感到；过去几周，您感到；过去一年，您感到；一般而言，您感到"。研究发现，不同时间跨度下，该量表均具有良好的信效度（Watson 等，1988b）。

Mackinnon 等（1999）认为，PANAS 量表可能不适合测量老年人群情绪，老年人群积极情绪和消极情绪具有较高相关性，而 PANAS 量表中积极情绪维度和消极情绪维度相对独立。研究证实，PANAS 量表中某些条目的评价水平受年龄、性别以及其他人口统计学特征影响，这些特征影响个体对积极情绪、消极情绪具体条目的反应差异，例如，在同等水平的积极情绪状态下，老年人群比青年人群更容易被鼓舞。为此，Mackinnon 等（1999）意图在 PANAS 量表的基础上，构建适用于整个人生的 PANAS 缩减版量表，通过对 2725 名 18 岁以上被调查者数据的分析发现，积极情绪包括"充满热情、坚决果断、激动不已、鼓舞人心、机灵警惕"5 个形容词；消极情绪包括"害怕的、担心的、心烦意乱、苦恼的、神经质"5 个形容词。该量表因子结构和因子系数不随年龄改变而变动，可替代 PANAS 量表有效测量各年龄段群体的积极情绪、消极情绪。

工作满意度是态度变量，包括情感成分和认知成分，以往研究过于强调工作满意度的认知评价，为揭示实时感觉对工作满意度的影响，即工作满意度的情感反应，Fisher（2000）研究了工作情境下个体情绪测量工具，根据 Shaver 等（1987）研究成果，情绪包括 135 个条目，可分为五大种类，即爱、喜欢、愤怒、悲伤、害怕，每种类别包括若干具体条目。Fisher（1998）调查了 135 种情绪在 174 名员工当前工作或上一份工作中出现频率，结果发现，积极情绪包括喜欢、幸福、喜悦、热情、满足、高兴、自豪、乐观 8 种；消极情绪包括沮丧、失意、愤怒、厌恶、不如意、失望、尴尬、担心 8 种，消极情绪的结构较为复杂，其中，积极情绪为单维结构，消极情绪可归为两个维度，前 6 种情绪为维度 1，称为一般消极情绪，后 2 种情绪为维度 2，称为尴尬/焦虑。

在以往研究中，积极情绪测量常与社会活动和满意度相关，与愉悦事件发生频率有关；消极事件常与压力有关。Fortunato 和 Goldblatt（2002）认为，消极情绪测量通常包含压力相关内容，为此，他开发了无压力—消极情绪量表（Strain-Free Negative Affectivity Scale，SFNA）。该量表不涉及生理、心理压力条目，如"有时，我会因担忧而失眠"，取而代之的是他们对情境事件的情绪反应，如"假如给我分配高难度任务，我会忧心忡忡；当有人在我前面插队时，我会很生气"。通过查阅词典、参考 PANAS 量表，共产生 33 个消极情绪形容词，基于 273 份样本数据的因子分析和信度检验，发现 SFNA 量表共包括 20 条题项。具体题项如表 4-2 所示：

表 4 - 2 积极情绪—消极情绪测量工具

测项
1. 假如给我分配高难度任务，我会忧心忡忡
2. 不管何时遇到困难，我都会想很多
3. 当工作无法正常进行时，我会很受刺激
4. 当要做的工作很多时，我会感觉很沮丧
5. 当别人打断我说话时，我会很恼火
6. 当有人在我前面插队时，我会很生气
7. 当事情没能按其原有方式完成时，我会比朋友们更激怒
8. 当我遇到难题时，我会比朋友们更焦虑
9. 当有人试图利用我时，我会大发雷霆
10. 当我前面司机开车很慢时，我会比朋友们更激怒
11. 当别人惹我生气时，我可能会大声嚷嚷
12. 当排长队等待时，我会比朋友们更没耐心
13. 当别人得到了属于我的荣誉，我会很愤恨
14. 如果我不能担负自身的职责，我会比其他人更惭愧
15. 当别人期望我做我不想做的事时，我会很愤慨
16. 当老板让我去他办公室时，我会很不安
17. 重要性截止时间到期时，我会比朋友们更焦虑
18. 当警车跟在我后面时，我会很担忧
19. 当我有很多事情要做，以致没有足够时间去完成时，我会很急躁
20. 当约会迟到时，我会很紧张

学者们基于研究目的和视角差异，分别构建不同情绪测量工具，其中，PA-NAS量表成为情绪研究最常用测量工具，研究证实该量表具有良好的信效度。因此，本书采用PANAS量表测量情绪状态，PANAS量表包括不同时间引导语，本书采用"今天"时间引导语测量员工每日情绪状态。在本书中，情绪状态为动态变量，属于层次1变量，需每天跟踪测量，受问卷题量限制，消极情绪未能采用10条题项，以往研究发现，愤怒、紧张不安、沮丧能最好地代表消极情绪，因此，本书采用愤怒、烦躁不安、沮丧三种情绪测量员工消极情绪状态。

三、反生产行为的测量工具

反生产行为的常用测量工具为Spector等（2006）的反生产行为五维量表以及Bennett和Robinson（2000）的偏差行为二维量表。Spector（2006）根据反生产行为内容，将反生产行为分为五个维度：辱虐他人、生产偏差、破坏、偷窃、退缩行为，据此，邀请 12 位专家学者对前人研究的 45 种反生产行为进行归类，结果发现 33 种反生产行为可纳入上述 5 类行为中，通过探索性因子分析发现，33 种行为的平均因子解释水平为 21.3%。因此，该量表包括五个维度，其中，辱虐他人包括 18 个条目，如自己犯错却责怪他人；生产偏差包括 3 个条目，如故意不遵守工作规则；破坏包括 3 个条目，如故意损害设备或财产；偷窃包括 5 个条目，如拿走属于雇主的东西；退缩行为包括 4 个条目，如未经允许迟到。该量表采用李克特五点表示法，1 从来没有——5 每天都有，后续研究证实该量表具有良好的信效度。

Bennett（2000）根据反生产行为（偏差行为）的实施对象将其划分为组织反生产行为和人际反生产行为两个维度。Bennett（2000）通过半结构化访谈和文献回顾，初步产生 113 条反生产行为条目，经过专家讨论和数据分析后剩下 28 条题项。探索性因子分析发现，28 条题项可分为人际和组织反生产行为两个维度，其中，组织反生产行为包括 16 个题项；人际反生产行为包括 8 个题项。验证性因子分析发现，删除某些条目后，模型拟合度更好，通过验证性因子分析最后确认人际反生产行为包括 7 个条目，组织反生产行为包括 12 个条目，具体条目如表 4 - 3 所示。该量表采用李克特 7 点表示法，1 表示从未有过，2 表示一年一次，3 表示一年两次，4 表示一年几次，5 表示每月都有，6 表示每周都有，7 表示每天都有。该量表成为反生产行为研究常用测量工具，研究证实该量表具有良好的信效度。

表 4 - 3　Bennett（2000）反生产行为测量工具

维度	测项
人际反生产行为	1. 工作中取笑他人
	2. 工作中说伤害他人的言语
	3. 工作中对他人做出宗教、民族、种族评论
	4. 工作中诅咒他人
	5. 工作中对他人恶作剧
	6. 工作中粗鲁无礼地对待他人
	7. 工作中使他人公开难堪
组织反生产行为	1. 未经允许带走公司物品
	2. 工作中花费很多时间想其他事，而不是认真工作
	3. 采用虚假票据，使报销费用超过实际开销费用
	4. 在工作中，休息时间过长，超过一般允许范围

维度	测项
组织反生产行为	5. 未经允许上班迟到
	6. 把工作地方搞得乱七八糟
	7. 忽视、不遵守老板的指示
	8. 可以及时完成的工作却故意慢慢做
	9. 未经允许与他人讨论公司保密信息
	10. 工作中酗酒
	11. 把很少的精力放在工作上
	12. 为加班（获取额外报酬）而拖延工作

Mitchell 和 Ambrose（2007）同样根据反生产行为的实施对象划分其维度结构，根据多焦点视角，组织内部存在组织、领导、同事等多个主体，Mitchell 和 Ambrose（2007）据此将人际反生产行为细分为：领导导向反生产行为和非领导导向人际反生产行为（从测量条目看主要指同事导向反生产行为）。在此基础上，构建反生产行为三维量表：组织反生产行为、领导导向反生产行为、非领导导向反生产行为。其中，组织反生产行为采用 Bennett（2000）的 12 条题项测量，非领导导向人际反生产行为主要指被调查者向同事实施的反生产行为，采用 Bennett（2000）的人际反生产行为 7 条题项测量。领导导向反生产行为尚未有成熟量表，为此，Mitchell 和 Ambrose（2007）在前人研究的基础上，开发了领导导向反生产行为测量条目，共包括 10 条题项，具体内容如表 4 - 4 所示。该变量与 Bennett（2000）反生产行为二维量表一样采用李克特 7 点表示法。

表 4 - 4 Mitchell 和 Ambrose（2007）领导导向反生产行为测量工具

测项
1. 我会在工作中开领导玩笑
2. 我会对领导恶作剧
3. 我会对领导做出不尊重的评论或手势
4. 我会以粗鲁的态度对待领导
5. 我会谈论关于领导的流言蜚语
6. 我会对领导做出宗教、民族、种族评论
7. 我会公开令领导难堪
8. 我会诅咒领导
9. 我会拒绝与领导谈心
10. 我会说一些伤害领导的话

以往研究主要聚焦于员工针对组织内部主体实施的反生产行为，而根据反生产行为内涵，反生产行为目标对象不仅包括组织、领导、同事等内部主体，也包括顾客等外部利益相关者，据此，部分学者以服务业组织为研究背景，探究了员工针对组织外部利益相关者的反生产行为。Jelinek 和 Aheame（2006）在 Bennett（2000）研究的基础上，探究了第三种反生产行为，命名为一线反生产行为，指一线服务人员针对组织外部顾客或其他利益相关者实施的反生产行为，并开发了一线反生产行为测量条目，如"向顾客销售产品时使用欺骗策略、向家人/朋友抱怨组织"等 7 个条目。Jelinek 和 Ahearne（2006）的一线反生产行为不仅包括损害顾客利益的反生产行为，也包括员工损害组织利益、名誉的反生产行为。Hunter 和 Penney（2014）具体研究并开发了顾客导向反生产行为量表，为减少社会赞许性偏差，要求被调查者描述同事而非自己针对顾客实施的反生产行为，通过调查共获取 456 种反生产行为，排除并非针对顾客实施的反生产行为，获取334 种顾客导向反生产行为，通过理论探讨、重复性归类，最终确定顾客导向反生产行为量表包括 13 条题项，具体内容如表 4 – 5 所示。实证研究发现，该量表具有良好的聚合效度和区分效度。

表 4 – 5　Hunter 和 Penney（2014）顾客导向反生产行为测量工具

测项
1. 取笑顾客
2. 对顾客撒谎
3. 使顾客等待时间过长，超过必要等待时间
4. 忽视顾客
5. 对待顾客态度粗鲁
6. 与顾客争执
7. 提高嗓门与顾客说话
8. 拒绝顾客合理要求
9. 向顾客索要小费
10. 侮辱顾客
11. 未经允许提高小费金额
12. 弄脏顾客食物
13. 威胁顾客

　　上述研究发现，多数学者认同基于目标对象划分反生产行为，根据反生产行为的界定，其实施对象包括组织、领导、同事、顾客等多个主体，本书将系统探

究员工针对多个主体的反生产行为。鉴于多焦点反生产行为研究分散在不同研究领域，因此，本书中组织导向和同事导向反生产行为采用 Bennett（2000）的测量工具；领导导向反生产行为采用 Mitchell（2007）的测量工具；顾客导向反生产行为采用 Hunter（2014）的测量工具。综上所述，反生产行为为层次 1 变量，需要每天追踪调查，受问卷条目限制，每种反生产行为包括三个测项。

四、组织伦理氛围的测量工具

Victor 和 Cullen（1988）最早提出组织伦理氛围，并基于伦理标准（利己、仁慈、原则）和分析目标（个人、组织、社会）将其分为九种形式，在此基础上开发了组织伦理氛围测量工具，通过因子分析发现，九种伦理氛围可析出五个因子，分别命名自利导向、关怀导向、独立导向、规则导向、法律法规导向。后续研究发现并非所有组织都存在 9 种伦理氛围，基于不同文化、不同行业、不同性质的组织研究证实，自利导向、关怀导向、独立导向、规则导向、法律法规导向伦理氛围具有相当好的稳定性（吴红梅，2005），但学者们对各维度内容界定尚未取得一致意见。Cullen 等（1993）在 Victor（1987，1988）前两次研究基础上构建了伦理氛围的 36 条目测量工具，通过对三份数据的因子分析发现，三项研究中均存在的伦理氛围只有 6 种，三种原则氛围（个人道德、公司规则和程序、法律法规）和自私伦理氛围；此外，三个研究中均出现友谊和团队利益氛围，且在三项不同研究中，它们都载荷于同一个因子——关怀导向伦理氛围。该研究中，未出现基于组织目标的自利导向伦理氛围，这与 Appelbaum 等（2005）研究结论相一致，自利导向伦理氛围指员工通常以牺牲他人利益为代价来满足自身利益需求。基于上述研究结论，本书采用五维组织伦理氛围（如表 4 - 6 所示）：自利导向（自私）、关怀导向（友谊和团队利益）、独立导向、规则导向、法律法规导向伦理氛围。

表 4 - 6　组织伦理氛围常见结构

	个体	组织	社会
利己	自利导向	—	—
仁慈	关怀导向		—
原则	个人道德	公司规则、程序	法律法规

Chen 等（2013）研究了组织伦理氛围与反生产行为关系，发现自利导向、关怀导向和规则导向伦理氛围与反生产行为的关系最密切。本书主要探究组织伦理氛围在消极情绪影响反生产行为过程中的调节效应，因此，基于前人研究，本

书组织伦理氛围选取自利导向、关怀导向和规则导向三个维度。组织伦理氛围指员工对组织内部伦理气氛的感知、评价，组织伦理氛围作为组织特征变量，具有相对稳定性，不同于不当督导、消极情绪、反生产行为等个体内动态变量。因此，在本书中，组织伦理氛围为个体间变量，不同于反复测量的个体内变量，个体间变量只需按传统调研方式进行单次测量即可，因而，组织伦理氛围测量可直接采用原有量表，无须缩减量表测项。综上所述，本书组织伦理氛围包括：自利导向、关怀导向、规则导向三个维度，采用 Cullen（1993）组织伦理氛围量表，具体条目如表4-7所示。

表4-7　组织伦理氛围测量工具

维度	测项
规则导向	1. 在我们公司，遵守规章制度非常重要
	2. 在我们公司，员工普遍遵守规章制度
	3. 在我们公司，只有遵守规章制度的员工才能取得成功
	4. 我们公司希望每个员工都能严格遵守规章制度
自利导向	1. 在我们公司，员工把保护个人利益看得很重要
	2. 在我们公司，员工总想占别人便宜
	3. 在我们公司，个人道德和伦理不重要
关怀导向	1. 我们公司会优先考虑对员工有利的做法
	2. 我们公司重视所有员工的整体利益
	3. 在我们公司，员工会优先考虑对其他同事有利的做法
	4. 在我们公司，员工关心其他同事的利益
	5. 我们公司希望员工做有利于顾客的事情

第三节　问卷设计

一、问卷设计原则

问卷法指通过统一设计的问卷来了解信息、收集数据的研究方法，是社会科学研究最常用的方法之一。科学完善的问卷是收集有效信息的重要保障，为此，大量学者总结了问卷设计需遵循的基本原则（风笑天，2009；吴增基等，2009）：

（1）简明性原则。在开展调查之前，研究者要明确调查目的，问卷题项设计要紧紧围绕研究主题，尽量减少与研究主题无关题项，避免毫无目的地在问卷中增加构念，问卷内容不宜过多，填写问卷时间不宜过长。问卷题目过多会给被调查者增加填写压力，一方面，降低个体参与问卷调查的意愿；另一方面，增加个体参与调查的反感和厌烦情绪，提升个体胡乱填写的可能性，不利于提高问卷数量和质量。此外，具体问卷测量条目内容也应简单、明确：首先，考虑到被调查者个体文化水平、专业知识差异，问卷中不宜涉及过于专业化词汇，尽量将专业程度较高的词汇转化为普通大众常用词汇；其次，每条题项的描述内容要简单、明了，避免使用过于复杂的句型，定语不宜过长过多，尽量使用简单句；最后，为方便被试者回答问卷，尽量不要用反问句或否定句，增加被调查者回答问题的思考负担。

（2）科学严谨原则。科学完善的问卷设计是实证研究的基本保证，问卷调查中的测量题项需要严格遵守标准体系，研究者在问卷设计中应使用科学、成熟的测量工具，不能随意删除原有测量工具条目或增加测量条目，更不能随意设计问卷题项。因此，在具体问卷设计过程中，应使用具有良好信效度的成熟量表，若新开发测量工具，应严格遵守开发量表的程序，使用信效度符合标准的量表。

（3）非诱导原则。非诱导性指问题要设置在中性位置，不参与提示或主观臆断，完全将被调查者的独立性与客观性摆放在问卷操作所限制条件的位置上（林武平，2006）。当问卷内容带有明显诱导性，可能会影响被调查者填写问卷时的独立性和客观性，比如"一般认为，您的工作绩效越好，得到的薪酬越高"，"一般认为"说明此观点被多数人认可，容易造成被调查者不加思考地迎合大众观点。所以，为确保问卷调查内容的真实有效，问卷内容要尽可能中立。此外，受社会赞许效应的影响，有些问卷内容即使不涉及诱导性言语，其内容本身就具有一定诱导性，如员工反生产行为的测量，"你曾经偷窃过组织的财物吗"，"偷窃"不符合社会、法律规范，诱使员工故意隐瞒真实信息，因此，对此类问题，研究者在问卷设计过程中应加以修改，力求用婉转语言表达原意，如可以改为"你曾经将属于组织的财物据为己有"。

（4）完整性原则。一份完整的问卷应包括：封面信、指导语、问题、答案、编码和编号等几个部分。封面信是调查者致被调查信息，调查者在封面信中要介绍自己身份和单位，具体包括单位地址、个人联系方式、姓名等内容，使被调查者尽可能地了解和相信调查者身份；介绍研究内容和目的，以及选取被调查者标准，并着重强调问卷调查仅供学术研究用，承诺保密性，使被调查者相信填写问卷不会伤害自身利益，消除他们填写问卷的后顾之忧。指导语是指导被调查者填写问卷的说明和解释，如"请根据您的实际情况，在相应的答案数字上打钩"。

问题和答案是问卷的核心内容，问题主要分为开放式问题和封闭式问题两种。开放式问题指只提出问题不提供答案，封闭式问题指在提出问题的同时也提供若干答案以供选择，两种问题各有利弊，一般探索性调查中常采用开放式问题，而大规模正式问卷中常采用封闭式问题。编码指将问题答案进行数字化转化的代码，如封闭式问卷中常用的李克特评分等级中的具体数字。编号指区分每份问卷或是问卷填写时间、地点、单位等信息的代码，特别是在纵向研究设计和匹配性调查中，编号显得尤为重要。因此，研究者在问卷设计时要充分考虑问卷内容的完整，以期提高问卷调查质量。

为提高问卷设计的科学性、有效性，本书在上述原则的指导下进行问卷设计，本书所有测量工具均选自成熟量表，考虑到日记追踪调查的长久性，本书按日记研究问卷设计标准缩减了每日调研构念的测量条目，考虑到被调查对象的文化层次，我们使用简单词汇、简单语句描述每条测量题项，使问卷内容简单明确。除一般问卷内容外，由于本书为纵向调研，所以我们对每人每天填写的问卷进行编码，确保问卷匹配性和完整性。

二、问卷设计过程

1. 探索性工作

首先，广泛阅读与本书主题相关的国内外文献，系统总结各个构念的测量工具，通过现有文献获取不同测量工具的信效度，分析不同测量工具的使用条件，如测量工具是否受文化情境、行业性质、被调查者年龄、性别等因素影响，在全面研读、梳理文献的基础上，选取适合本书的测量工具。由于本书涉及领导和员工负面行为，担心员工不愿表露真实信息，本书被调查对象主要选自服务业员工，我们在平时生活中比较方便接触，这为我们前期访谈提供了一定的便利条件。最初，我们以消费者的身份接触他们，我们在消费过程中通过随便交谈了解他们每天工作经历和感受，这种访谈优点是可接触不同被访谈者，一般而言，作为服务业员工他们不太会拒绝与顾客沟通，缺点是访谈内容较为浅显，不能够获取足够多的信息。而后，我们基于熟人关系进入某组织内部进行访谈，由于访谈得到上层领导支持，在员工休息时间，领导为我们组织了 11 名被访谈人员并提供访谈会议室，在此访谈过程中，员工停止了手头上其他工作，使员工比较全身心投入访谈之中，有利于提高访谈内容的全面性和深入性，但此次访谈是通过领导关系开展的，而我们研究内容涉及领导、员工负面行为，虽然访谈过程中，我们让领导离开会议室，但员工依然无法敞开心扉表达所有真实想法。为此，我们采取第三种访谈方式，我们首先联系组织领导，让组织领导给我安排一个职位，我以实习人员身份加入组织之中，与他们一起工作一起吃饭，真正融入员工之中，在此过程中，我不仅可以使用访谈法，通过与他们的言语交流获取信息，还可以通过观察法获取信息。基于上述一系列探索性活动，为我们合理设计问卷奠定了基础。

2. 问卷设计初稿

本书采用日记追踪法收集数据，同一份问卷要求被调查者连续填写数天，根据现有研究结论，此类问卷调查每次调查时间不宜过长，最好控制在 3～5 分钟，因此，每个构念的测量条目不宜过多，在问卷设计过程中要求对原有测量条目进行缩减，一般缩减至 3～5 个测项，通常筛选因子载荷较高或每天发生频率较高题项。本书中不当督导、消极情绪、组织导向、领导导向、同事导向、顾客导向反生产行为均为个体内变量，需要每天跟踪调研，因此，本书在现有研究成果和探索性访谈基础上，将上述构念测量条目缩减至 3～5 个条目。其中，组织伦理氛围为个体间变量，采用传统方式收集数据，无须缩减条目。

本书所选用测量工具均为英文版本，为此，我们采用"回译"方式对所选量表进行翻译，首先，由两名组织行为方向博士研究生将原有英文量表翻译为中文量表，并对文句加以修改、完善，使之符合中文语言习惯。然后，由另两名管理学博士研究生将中文量表回译为英文量表，通过对比原始英文量表和"回译"后英文量表，对我们所翻译中文量表进行有针对性的修改和调整，对出入较大的题项按照上述过程重新翻译，并同时参考现有中文文献对该量表的翻译，经过上述一系列翻译过程最终确定本书问卷测量条目。

确定各变量测量条目后对条目进行排序，由于本书涉及构念均为组织负面行为，具有一定敏感性，因此，按照一般问卷设计原则，一般性问题在前，敏感性问题在后。不当督导为员工经历的领导对待行为，相较于员工自评反生产行为，其敏感性相对较弱。此外，问卷设计要体现内在逻辑性，本书逻辑为，员工遭遇领导不当督导行为导致消极情绪体验，进而实施反生产行为。综上所述，问卷按照不当督导、消极情绪、反生产行为进行排序，最后完善问卷的卷首语、说明等基本内容，形成问卷 B。此问卷主要涉及个体内变量，调查各变量的动态变化过程，此外，本书还涉及个体特质和组织伦理氛围等具有稳定特征的个体间变量，为此，我们设计了包含此部分内容的问卷 A。

3. 小样本测试

采用日记调研法，受制于调研时间，本书在测量个体内构念时，未能采用完整测量工具，由于问卷 B 中所有构念均采用缩减量表。因此，在正式调研前，我们对问卷 B 进行了小样本测试，以考察缩减量表的信效度。同时，原有测量条目的时间引导语为"通常"，而本书中时间引导语为"今天"，为此，我们对测量条目描述语进行了适当调整。在小样本预调研之前，我们将设计好的完整问卷让身边同学进行检查，查看是否存在令人费解题项，同时，将问卷发给潜在被调查者，查看问卷中是否存在过于专业、难以读懂的语句。根据大家反馈意见，对问卷进行适当修改。然后，我们开始对问卷进行小样本调研，考虑到日记调研时间过长，极易引起员工倦怠感，降低员工参与度，因此，小样本调查采用单次调研，选择一家服务型组织进行现场发放问卷调研，其他部分被调查者通过同学和朋友等熟人进行邮件调研。

第四节　预调研

一、预测试说明及方法

预测试主要分析量表的信度和效度，由于本书中层次 1 变量采用原有测量工具的缩减版量表，因此，在正式调研之前需要进行小样本测试，以确保正式调研中量表的信效度。

预调研的问卷发放方式主要包括电子邮件和纸质问卷两种，经过 2015 年 8 月至 2015 年 9 月为期两个月的调研，本书共发放 150 份问卷，经过一系列筛选，最后获取有效问卷 116 份，有效回收率为 77%。具体筛选原则为：①问卷中漏填题项超过 3 题；②连续多题得分一致，或是答案存在明显规律性，如前 5 题得分分别为 5、4、3、2、1，接下来 5 题得分分别为 1、2、3、4、5 等规律性答案；③一题多选的，以及被涂改过，依然可见一题多选痕迹，存在 3 条以上此类答案的问卷被视为无效问卷。

二、预测试样本描述性统计

预测样本的描述性统计分析主要包括被调查者的性别、年龄、受教育程度、加入本单位时间等。性别结构为：男性 65 人，占总人数 56%；女性 51 人，占总人数 44%。受教育程度结构为：初中或以下 1 人，占总人数 0.9%；高中/中专 8 人，占总人数 6.9%；大专 32 人，占总人数 27.6%；本科 67 人，占总人数 57.8%；研究生及以上 8 人，占总人数 6.9%。年龄结构为：20 岁以下 1 人，占总人数 0.9%；21~25 岁 10 人，占总人数 8.6%；26~30 岁 21 人，占总人数 18.1%；31~35 岁 28 人，占总人数 24.1%；36 岁以上 56 人，占总人数 48.3%。参加工作年限结构为：不足 1 年 2 人，占总人数 1.7%；1~3 年 13 人，占总人数 11.2%；4~6 年 18 人，占总人数 15.5%；7~10 年 18 人，占总人数 15.5%；

10 年以上 65 人，占总人数 56%。加入本单位工作时间结构为：3 个月以下 3 人，占总人数 2.6%；4~6 个月 6 人，占总人数 5.2%；7~12 个月 11 人，占总人数 9.5%；1~2 年 15 人，占总人数 12.9%；3 年以上 81 人，占总人数 69.8%。

三、预测试量表的信效度分析

预测试问卷的分析内容主要包括量表项目分析、信度分析和效度分析，具体内容如下：

项目分析主要检验量表或个别题项的适切度或可靠程度，探究被调查者在每条测项上的得分差异，从而检验各条测项的同质性，以备筛选或修改各个测项。本书项目分析主要采用修正项目总相关（Corrected – Item Total Correlation，CITC）检验同质性程度，即考察参与量表题项与量表总分的相关水平，个别题项与量表总分的相关性越高，表明题项与整体量表的同质性越高，测量题项与潜在行为越接近。若量表中题项与总分相关系数未达到显著性水平，或是其相关系数低于 0.4，说明该题项与整体量表的同质性不高，在正式调研问卷中最好删除此题项。此外，信度也可作为项目分析中的同质性检验标准。信度指量表的一致性和稳定性程度，信度检验主要考察删除某一题项后，整个量表的信度变化情况。若删除某一题项后，整个量表的信度系数比原有量表信度系数高，则说明该题项与原有量表其他题项的同质性较低，因此，可以考虑删除此题项。

信度指采取同样的方法对同一对象进行多次重复测量时所得结果的一致性程度。主要评价量表的稳定性、精确性和一致性，具体包括：重测信度、折半信度、复本信度和内部一致性信度。其中内部一致性信度是目前比较普遍运用的信度评价指标，它反映了条目之间的相关程度。内部一致性信度通常用克朗巴哈 α 系数来衡量。α 系数表示量表总变异中由不同被试者导致的比例占多少，α 系数越大表示条目间相关性越好。一般而言，α 系数大于 0.8 表示内部一致性非常好；α 系数为 0.6~0.8 表示内部一致性较好；α 系数小于 0.6 表示内部一致性较差。但在具体研究中评价内部一致性效度时还需考虑到测量条目的数量，一般而言，10 条目左右的量表，其 α 系数要达到 0.8，随着量表测项条目增加，系数也会随之升高，相应地，随着测项题目减少，α 系数也会相应降低。

效度指测量工具在多大程度上能代表所测变量的理论构念。它反映了观测值和真实值之间的偏差程度，即量表的有效性和准确性。效度通常包括：表面效度、内容效度、准则效度和结构效度。表面效度指量表的题目是否真正表达出了要测量的内容；内容效度指量表的题目是否全面涵盖了要测量的内容。这两个指标均为主观指标，一般由专家评定其效度。准则效度（校标效度）指新量表和公认有效的准则量表之间的相关性，其相关系数越高表明准则效度越高。结构效度（特征效度）指新编制量表与理论设想之间的符合程度，通常采用因子分析的方法来评价结构效度。一般认为，公共因子能累计解释40%以上的变异量，且每个条目在其因子之上的负荷值大于0.5，则说明该量表具有较好的结构效度。

在进行效度检验之前，首先对各变量进行KMO和Bartlett球体检验以验证各变量是否适合做因子分析，一般而言，KMO的值越接近于1，变量越适合做因子分析，KMO为0.9~1，非常好；为0.8~0.89，好；为0.7~0.79，一般；为0.6~0.69，差；为0.5~0.59，很差；为0.00~0.49，不适合做因子分析。

（1）不当督导量表预测试结果。不当督导的信度分析表明，不当督导的内部一致性系数为0.91，当内部一致性系数高于0.8时，表示量表具有良好的信度，因此，本书选取不当督导缩减条目量表具有良好的信度。不当督导的项目分析结果显示，不当督导各条修正项目——总分相关系数（CITC）均高于0.4，且删除任何测量题项后，其内部一致性系数均小于5条目不当督导量表克朗巴哈系数，即不当督导的5条目测量工具具有较高的适切性和可靠性，不存在冗余题项，因此，在正式调研中本书将采用5条目量表测量不当督导。

表4-8　不当督导信度分析结果

测量条目	CITC	项目删除后克朗巴哈 α 系数	克朗巴哈 α 系数
AS1	0.80	0.90	
AS2	0.86	0.89	
AS3	0.89	0.87	0.91
AS4	0.82	0.90	
AS5	0.90	0.87	

注：AS 为不当督导（abusive supervision）的缩写，下同。

不当督导的探索性因子分析结果如表4-9所示，不当督导的KMO值为0.83，Bartlett球体检验结果显著，说明不当督导测量题项适合做因子分析。本书采用主成分分析法萃取共同因子，采取最大方差直交转轴法计算因子负荷量。结果显示，不当督导5条测量题项可抽取一个共同因子，每个条目在该因子上的载荷值均高于0.5，可解释共同因子72.96%变异量，说明该量表具有良好的结构效度。

表4-9 不当督导探索性因子分析结果

测量条目	因子一	累计方差贡献率	KMO值	Bartlett 球体检验结果		
				卡方值	自由度	Sig.
AS1	0.80	72.96	0.83	387.77	10	0.000
AS2	0.86					
AS3	0.89					
AS4	0.81					
AS5	0.91					

（2）消极情绪量表预测试结果。消极情绪的信度分析表明，消极情绪的内部一致性系数为0.83，当内部一致性系数高于0.8时，表示量表具有良好的信度，因此，本书选取消极情绪缩减条目量表具有良好的信度。消极情绪的项目分析结果表明，消极情绪各条修正项目——总分相关系数（CITC）均高于0.4，且删除任何测量题项后，其内部一致性系数均小于4条目消极情绪量表克朗巴哈系数，即消极情绪的4条目测量工具具有较高的适切性和可靠性，不存在冗余题项，因此，正式调研中本书将采用4条目量表测量消极情绪（见表4-10）。

表4-10 消极情绪信度分析结果

测量条目	CITC	项目删除后克朗巴哈 α 系数	克朗巴哈 α 系数
NE1	0.76	0.83	0.83
NE2	0.87	0.75	
NE3	0.87	0.75	
NE4	0.77	0.81	

注：NE 为消极情绪（negative emotion）的缩写，下同。

消极情绪的探索性因子分析结果显示，消极情绪的 KMO 值为0.79，Bartlett 球体检验结果显著，说明消极情绪测量题项适合做因子分析。本书采用主成分分析法萃取共同因子，采取最大方差直交转轴法计算因子负荷量。结果显示，消极情绪4条测量题项可抽取一个共同因子，每个条目在该因子上的载荷值均高于0.5，可解释共同因子66.83%的变异量，说明该量表具有良好的结构效度（见表4-11）。

表 4 - 11 消极情绪探索性因子分析结果

测量条目	因子一	累计方差贡献率	KMO 值	Bartlett 球体检验结果		
				卡方值	自由度	Sig.
NE1	0.74	66.83	0.79	182.240	6	0.000
NE2	0.87					
NE3	0.87					
NE4	0.78					

（3）反生产行为量表预测试结果。反生产行为的信度分析表明，组织导向、领导导向、顾客导向、同事导向反生产行为的内部一致性系数分别为 0.87、0.88、0.89 和 0.92，当内部一致性系数高于 0.8 时，表示量表具有良好的信度，因此，本书所选组织导向、领导导向、顾客导向、同事导向反生产行为缩减版量表具有良好的信度。反生产行为的项目分析结果表明，组织导向、领导导向、顾客导向、同事导向反生产行为各条修正项目——总分相关系数（CITC）均高于 0.4，且删除任何测量题项后，其内部一致性系数均小于原测量工具克朗巴哈系数，即组织导向、领导导向、顾客导向、同事导向反生产行为测量工具具有较高的适切性和可靠性，不存在冗余题项，因此，正式调研中本书分别采用 3 条题项量表测量组织导向、领导导向、顾客导向、同事导向反生产行为（见表 4 - 12）。

表 4 - 12 反生产行为信度分析结果

测量条目		CITC	项目删除后克朗巴哈 α 系数	克朗巴哈 α 系数
组织导向反生产行为	OCWB1	0.88	0.85	0.87
	OCWB2	0.88	0.84	
	OCWB3	0.92	0.77	
领导导向反生产行为	SCWB1	0.89	0.85	0.88
	SCWB2	0.91	0.79	
	SCWB3	0.89	0.85	
顾客导向反生产行为	CCWB1	0.90	0.87	0.89
	CCWB2	0.94	0.77	
	CCWB3	0.88	0.87	
同事导向反生产行为	WCWB1	0.92	0.91	0.92
	WCWB2	0.94	0.88	
	WCWB3	0.94	0.88	

注：OCWB 为组织导向反生产行为（organization - directed counterproductive work behavior）的缩写；SCWB 为领导导向反生产行为（supervisor - directed counterproductive work behavior）的缩写；CCWB 为顾客导向反生产行为（customer - directed counterproductive work behavior）的缩写；WCWB 为同事导向反生产行为（worker - directed counterproductive work behavior）的缩写，下同。

反生产行为的探索性因子分析结果如表4－13所示，反生产行为的KMO值为0.92，Bartlett球体检验结果显著，说明反生产行为测量题项适合做因子分析。本书采用主成分分析法萃取共同因子，采取最大方差直交转轴法计算因子负荷量。结果显示，反生产行为12条测量题项可抽取四个共同因子，分别为组织导向反生产行为、领导导向反生产行为、顾客导向反生产行为和同事导向反生产行为，每个条目在其因子上的载荷值均高于0.5，分别可解释共同因子27.73%、20.31%、20.03%和16.06%的变异量，累计可解释反生产行为84.13%的变异量，说明该量表具有良好的结构效度。上述因子分析结果发现，组织导向反生产行为包括OCWB1、OCWB2、OCWB3和CCWB1 4条题项，但理论上CCWB1题项用于测量顾客导向反生产行为，因此，正式测量中将对顾客导向反生产行为测量题项进行适当修正（见表4－13）。

表4－13　反生产行为探索性因子分析结果

测量条目		因子1	因子2	因子3	因子4
组织导向反生产行为	OCWB1	0.81			
	OCWB2	0.74			
	OCWB3	0.72			
领导导向反生产行为	SCWB1		0.62		
	SCWB2		0.66		
	SCWB3		0.73		
顾客导向反生产行为	CCWB1	0.55			
	CCWB2			0.63	
	CCWB3			0.80	
同事导向反生产行为	WCWB1				0.74
	WCWB2				0.85
	WCWB3				0.81
方差贡献率		27.73	20.31	20.03	16.06
累计方差贡献率		27.73	48.04	68.07	84.13
KMO值		0.92			
Bartlett球体检验结果	卡方值	1246.33			
	自由度	66			
	Sig.	0.000			

第五章　正式调研与模型验证

第一节　研究设计

一、数据收集

在数据收集之前，我们首先根据预调研结果对正式调查问卷进行适当修正。预调研因子分析结果发现，顾客导向反生产行为的测量条目1："弄脏顾客食物"落在组织导向反生产行为因子上，与原有量表结构不符。通过调查发现，实践中，一旦顾客食物被污染，首先要求组织更换食物，甚至要求组织以"免单""打折"做出赔偿，因此，"弄脏顾客食物"直接损害组织经济利益，因此，"弄脏顾客食物"看似针对顾客的反生产行为，但直接伤害组织利益。为明确区分不同反生产行为，通过与服务人员的访谈，以及已有顾客导向反生产行为量表，在正式调研中，我们将"弄脏顾客食物"条目更换为"和顾客说话时提高嗓门"。

本书调研变量主要包括个体内变量（不当督导、消极情绪、组织导向、领导导向、顾客导向、同事导向反生产行为）和个体间变量（员工人口统计特征、规则氛围、自利氛围、关怀氛围）。本书调查对象为服务行业员工，要求被调研员工每天与领导、同事、顾客之间存在交际活动，且是面对面的交往，因此，以往研究中常用的客服人员不属于本书被调查对象。本书最初选择的正式调研行业主要包括金融服务行业和餐饮服务行业，我们首先在这两个行业中选取一家企业进行正式调研。首先利用自身关系，寻找在银行业工作的同学、亲友作为志愿者帮助联系愿意参与此次调研的银行业工作人员，我们首先和志愿者进行沟通，向其说明我们的研究目的和意义，以及所需获取问卷信息，并向其承诺该问卷内容的保密性和匿名信，由于本次调研未获得上层支持，且银行管理较为严格，因此，我们无法进入银行实施现场发放问卷，只能通过邮件发放问卷方式进行调研。为此，我们把具体调研内容、要求、报酬等信息形成书面材料先向志愿者说明，便于志愿者明确符合条件的被调研者，以及向其他员工介绍本次调研活动，主要要点如下：①调研数据主要用于学术研究，问卷采用匿名形式，问卷内容不会外泄；②被调查者为直接接触客户的一线服务员工，不包括其他银行工作人员；③被调查者只需提供个人邮箱，研究者直接与被调查者联系，不会通过其领导传达信息，为消除员工顾虑，建议员工提供其不常用邮箱，同时，材料中提供作者本人邮箱，便于被调查者越过第三方直接与我们联系；④本次调研为有偿调研，被调查者每天填写一份问卷可获取报酬 10 元人民币，问卷 B 需要连续调查 5 天，问卷 A 只需填写一次，第 5 天除填写问卷 B 外，还需填写问卷 A，完整填完 5 天 B 卷、一次 A 卷后，发放所有报酬，共计 50 元人民币（可通过支付宝、微信转账）。

餐饮服务行业不同于金融服务行业：首先，餐饮服务行业人员从业者文化素质相对较低，不太适合邮件方式发放问卷；其次，外部人员可以直接进入餐饮组织，因此，餐饮业调研采用现场发放问卷形式更切实可行、方便有效。本书所选餐饮组织主要为连锁餐饮机构，排除一些个体餐饮单位，连锁餐饮组织一般具有较为规范的管理体系，探究其管理问题更具理论与现实意义。具体过程如下：作者本人对南京各大商圈餐饮组织进行上门走访，我们一般选取上午 10 点左右（餐饮业经理上班组织早会）走访餐饮组织，我们首先与店长（经理）进行沟通，如果店长（经理）不在店，我们就换下一家组织。我们首先向经理表明身份（提供学生证、身份证），然后说明我们研究的目的、现实意义以及需要他提供的帮助，最后与其商讨我们进入其门店进行调研的时间安排。在获取经理支持后，我们便可进入门店进行调研，一般我们选在下午四五点钟或是晚上九点钟，利用经理开会时间，进入门店进行现场发放、回收问卷。在经理组织好员工后，我们首先向员工表明身份以及调研目的和要求，具体内容同金融服务行业调研，不同之处在于，通过邮件发放问卷无须对问卷内容进行编号，可利用邮箱对问卷进行编码，而现场发放问卷需要对问卷进行编码。为此，在首次发放问卷时，我们以阿拉伯数字在问卷右上角进行标注，我们向员工说明，本次调研为匿名调研，无须填写真实姓名，但由于最后要根据问卷填写情况发放报酬，以免出错，我们在问卷右上角进行了编号，请大家记住自己所填问卷编号，以后几天大家会拿到无标号问卷，需要在问卷上填写第一天所拿问卷编号，此编号为随机发放，不影响问卷的匿名性。此外，在填写过程中，经理一般会回避，填写完成后直接交给本人，由本人带离现场，确保问卷不被经理查阅。作者本人一直在调研现场，一方面，大家有疑问可以直接咨询；另一方面，被调查者在交回问卷时，作者会对问卷进行初步检查，发现漏填、多选题项后让其及时纠正。

实践发现，金融服务行业的调查存在一些问题：①由于其工作环境限制，他们只能在下班后回到家中才能填写问卷，导致我们无法有效控制问卷填写时间，且我们只能通过邮件方式与其联系，因此，常常导致无法及时收集当天问卷；②由于对他们实施邮件方式填写问卷，易于出现复制问卷；③由于银行从业人员一般收入较高，我们的金钱激励效果不是很明显，他们的参与意愿与态度均不是很高。上述原因导致我们在该行业难以获取有效问卷。而餐饮业的调查由于本人可直接进行现场发放问卷，其可操作性较强，问卷质量也较高，因此，最终我们主要选取餐饮业服务人员为调研对象。

二、样本结构

本书主要通过随机走访方式选取被调研企业，选取样本的随机性较大，因此，样本具有较好的代表性。有时我们走访的第一家企业就愿意协助我们的调研活动，有时走访一天也无一家企业愿意支持我们的调研，平均而言，我们每走访 3 ~ 4 家企业会有一家企业愿意让我们进入调研，即组织愿意参与调研的概率为 30% 左右。由于作者亲自跟踪每家企业调研，亲自回收每份问卷，并对问卷填写内容进行初步检查，及时纠正漏填、多填问卷，因此，由于漏填、多填而导致问卷无效的情况极少出现。但少数问卷存在大量题项居中回答，或是多条题项答案一致现象，问卷筛选过程中，我们将此类问卷视为无效问卷。作者从 2015 年 10 月至 2016 年 1 月，进行了为期 4 个月的调研，共走访三四十家餐饮组织，最终同意支持我们调研的企业有十几家，每家企业被调研员工人数为 6 ~ 15 人，可统计参与调研的人数为 106 人，每人追踪调研 5 天，剔除上述无效问卷，最终纳入研究的有效问卷为：个体间问卷 73 份，个体内问卷 365 份。

我们选取被调查者人口统计学特征作为控制变量及样本特征，具体包括性别、年龄、受教育程度、加入本组织年限。性别结构为：男性 54 人，占总人数 74%；女性 19 人，占总人数 26%。受教育程度结构为：初中或以下 11 人，占总人数 15.1%；高中/中专 30 人，占总人数 41.1%；大专 26 人，占总人数 35.5%；本科 6 人，占总人数 8.2%。年龄结构为：20 岁以下 32 人，占总人数 43.8%；21 ~ 25 岁 35 人，占总人数 47.9%；26 ~ 30 岁 4 人，占总人数 5.5%；31 ~ 35 岁 2 人，占总人数 2.7%。加入本组织时间结构：3 个月以下 25 人，占总人数 34.2%；4 ~ 6 个月 16 人，占总人数 21.9%；7 ~ 12 个月 20 人，占总人数 27.4%；1 ~ 2 年 11 人，占总人数 15.1%；3 年以上 1 人，占总人数 1.4%。

样本结构分析发现，被调查者的性别分布不平衡，大部分为男性，女性相对较少；被调查者的年龄结构也不平衡，主要以"90 后"年轻人为主；被调查者的受教育程度偏低，大部分被调查者受教育程度为高中/中专及以下；由于年龄较小，其工作时间较短，大部分被调查者加入本单位时间低于1年；一方面，由于餐饮服务业从业人员年龄较小；另一方面，由于餐饮业服务人员流动性较大，被调查者加入本组织的工作时间一般较短，大部分员工在本组织工作时间少于1年。虽然被调查者的人口特征分布不够均衡，但其样本结构特征符合我国餐饮服务行业的现状。

三、分析方法

本书首先采用 SPSS、LISREL 统计软件对收集数据进行预处理，为假设检验奠定初步基础，具体包括，基于 SPSS 软件的描述统计功能分析样本结构，基于 SPSS 内部一致性检验分析测量工具的信度，基于 SPSS 软件和 LISREL 软件对数据进行探索性因子分析和验证性因子分析，据此检验测量工具的效度。

组织是包含多个层次的复杂系统，传统研究认为，组织由较低层次的团队构成，团队由较低层次的个体构成，此外，组织受到较高层次的外部环境影响，由此形成个体嵌入团队、团队嵌入组织、组织嵌入环境的多层次嵌套结构，现有研究通常采用 HLM 软件分析此类嵌套数据。本书为纵向动态研究设计，具体而言，我们采用日记调研法重复测量随时间变化变量，采用传统方式测量相对稳定变量，因此，我们连续5天重复测量不当督导、消极情绪、反生产行为等动态变量，并且在最后一天测量人口统计学特征、组织伦理氛围等相对稳定变量。本书每日重复测量数据嵌套在个人数据中，有别于传统层次嵌套数据，每日重复测量数据为低层次数据，而相对稳定的个体层次数据为高层次数据，即本书中不当督导、消极情绪、反生产行为为低层次（Level 1）数据，而性别、年龄、受教育程度、组织伦理氛围等个体数据为高层次（Level 2）数据。因此，本书为跨层次模型，我们将采用多层线性模型（Hierarchical Linear Model，HLM）进行数据分析。

第二节　信效度检验

一、信度检验

正式调研数据的信度检验采用预测试信度检验程序，即通过内部一致性系数、删除某一测项后信度系数以及修正项目总相关系数检验各变量测量工具信度。

不当督导的信度分析结果如表 5 – 1 所示，不当督导的内部一致性系数为 0.86，高于内部一致性系数临界值 0.7，说明本书选取 5 条目不当督导量表具有良好的信度。不当督导各条修正项目——总分相关系数均高于 0.4，且删除任何测量题项后，其内部一致性系数均小于 5 条目不当督导量表克朗巴哈系数，即不当督导的 5 条目测量工具具有较高的适切性和可靠性，不存在冗余题项，因此，本书采用上述 5 条测项测量不当督导。

表 5 – 1 不当督导信度分析结果

测量条目	CITC	项目删除后克朗巴哈 α 系数	克朗巴哈 α 系数
AS1	0.77	0.84	
AS2	0.80	0.84	
AS3	0.84	0.83	0.86
AS4	0.82	0.83	
AS5	0.80	0.84	

消极情绪的信度分析结果如表 5 – 2 所示，消极情绪的内部一致性系数为 0.89，高于内部一致性系数临界值 0.7，说明本书选取 3 条目消极情绪量表具有良好的信度。消极情绪各条修正项目——总分相关系数均高于 0.4，且删除任何测量题项后，其内部一致性系数均小于 3 条目消极情绪量表克朗巴哈系数，即消极情绪的 3 条目测量工具具有较高的适切性和可靠性，不存在冗余题项，因此，本书采用上述 3 条测项测量消极情绪。

表 5 – 2 消极情绪信度分析结果

测量条目	CITC	项目删除后克朗巴哈 α 系数	克朗巴哈 α 系数
NE1	0.89	0.87	
NE2	0.91	0.83	0.89
NE3	0.92	0.83	

反生产行为的信度分析结果如表 5 – 3 所示，组织导向、领导导向、顾客导向、同事导向反生产行为的内部一致性系数分别为 0.79、0.73、0.84 和 0.71，均高于内部一致性系数临界值 0.7，说明组织导向、领导导向、顾客导向、同事导向反生产行为量表具有良好的信度。组织导向、领导导向、顾客导向、同事导向反生产行为各条修正项目——总分相关系数均高于 0.4。且组织导向、顾客导向反生产删除任何测量题项后，其内部一致性系数均小于原测量工具克朗巴哈系

数，即组织导向、顾客导向、反生产行为测量工具具有较高的适切性和可靠性，不存在冗余题项，因此，本书分别采用上述3条测项测量组织导向、顾客导向反生产行为。其中，领导导向反生产行为删除测项"说上级坏话"后、同事导向反生产行为删除测项"指责同事某些工作做得不好"后，其内部一致性系数略高于原测量工具克朗巴哈系数，但其修正项目——总分相关系数远远高于0.4，此外，本书中领导导向、同事导向反生产行为的测项较少，但未删该测项的量表内部一致性系数仍高于0.7，因此，本书仍分别采用上述3条测项测量领导导向、同事导向反生产行为。

表5-3 反生产行为信度分析结果

测量条目		CITC	项目删除后克朗巴哈 α 系数	克朗巴哈 α 系数
组织导向反生产行为	OCWB1	0.80	0.77	
	OCWB2	0.88	0.65	0.79
	OCWB3	0.83	0.71	
领导导向反生产行为	SCWB1	0.81	0.60	
	SCWB2	0.81	0.61	0.73
	SCWB3	0.81	0.73	
顾客导向反生产行为	CCWB1	0.87	0.78	
	CCWB2	0.88	0.75	0.84
	CCWB3	0.86	0.79	
同事导向反生产行为	WCWB1	0.80	0.80	
	WCWB2	0.84	0.48	0.71
	WCWB3	0.78	0.60	

组织伦理氛围的信度分析结果如表5-4所示，规则氛围、自利氛围、关怀氛围的内部一致性系数分别为0.89、0.79、0.79，均高于内部一致性系数临界值0.7，说明规则氛围、自利氛围、关怀氛围测量工具具有良好的信度。规则氛围、自利氛围、关怀氛围各条修正项目——总分相关系数均高于0.4，且删除任何测量题项后，其内部一致性系数均小于原测量工具克朗巴哈系数，即规则氛围、自利氛围、关怀氛围测量工具具有较高的适切性和可靠性，不存在冗余题项，因此，本书分别采用上述题项测量规则氛围、自利氛围、关怀氛围。

表5-4　组织伦理氛围信度分析

测量条目		CITC	项目删除后克朗巴哈α系数	克朗巴哈α系数
规则氛围	RC1	0.86	0.85	0.89
	RC2	0.88	0.84	
	RC3	0.85	0.86	
	RC4	0.88	0.85	
自利氛围	IC1	0.83	0.71	0.79
	IC2	0.89	0.63	
	IC3	0.80	0.77	
关怀氛围	CC1	0.75	0.76	0.79
	CC2	0.78	0.75	
	CC3	0.80	0.73	
	CC4	0.70	0.78	
	CC5	0.70	0.78	

注：RC、IC、CC分别为规则氛围、自利氛围、关怀氛围的英文缩写。

二、效度检验

效度主要检验测量工具是否能够度量我们的构念，本书效度检验指标主要选取内容效度、聚合效度和区分效度。

内容效度指测量条目或内容的适切程度，即所选测量内容或条目能否测量研究所需构念。内容效度主要包括三个方面内容：①所选测量工具能否准确度量研究者所需测量构念，如组织伦理氛围包括规则氛围、自利氛围和关怀氛围三个方面，伦理氛围的测量工具要能覆盖这三个方面，否则，则判定组织伦理氛围测量工具的内容效度较差；②测量题项要具备代表性，测量题项的分配要合理，能充分反映构念不同维度的重要性，如用10条题项测量组织伦理氛围，应根据三种伦理氛围的相对重要性，合理确定测量题项，若用8条题项测量关怀氛围，各1条题项测量自利氛围和规则氛围，显然该测量工具不能很好地代表伦理氛围构念；③具体问卷内容要考虑被调查者特征，用符合其文化背景、语言习惯的表述阐述问卷题项。内容效度的检验一般采用专家分析法、逻辑判断法和实证研究法（罗胜强和姜嬿，2014）。本书主要通过以下途径确保测量工具的内容效度：①所有构念的测量工具均选自成熟量表，这些测量工具在多项实证研究中均被证实具有良好的效度；②我们首先采用"英—中—英"回译方式对问卷进行翻译，并将翻译后问卷与同行专家、同学、被调查者进行探讨、论证，及时修正、完善潜在问题题项；其次，在正式调研前，我们对问卷进行小样本调研，结果显示，问卷具有良好的信效度。

聚合效度指不同测量题项能否用来度量同一构念，区分效度指不同潜变量之间是否存在显著性差异。验证性因子分析可判断测量题项与潜变量之间的假设关系，验证性因子分析不仅能评价量表的维度和因子结构，还能评价量表的效度（刘军，2008）。本书主要通过验证性因子分析检验测量工具的聚合效度和区分效度，因此，在进行效度检验之前首先要验证测量模型的适切度。验证性因子分析中常用模型评价指标如下（吴明隆，2010；刘军，2008）。

卡方值（χ^2）越小，表示模型拟合得越好，卡方值受样本量影响，样本量增大，卡方值会相应地增大。卡方值对模型的错误界定不太敏感，通常易于接受复杂模型，因此，一般通过卡方值与自由度的比值验证模型契合度，调整模型复杂程度。卡方自由度比值越小，说明模型的拟合度越好，一般认为，卡方与自由度比值为 2：3，表示模型拟合得较好。

GFI 指标用来表示："样本数据的观察矩阵与理论构建复制矩阵之差的平方和"与"观察方差"的比值。GFI 值越大，表示假设模型协拟合得越好。CFI 值介于 0～1，值越靠近 1，说明模型拟合度越好；值越靠近 0，说明模型拟合度越差，若 CFI 值大于 0.9，则说明模型拟合得较好。

RMSEA 为渐进残差均方和平方根，RMSEA 值越小，表示模型拟合得越好；当 RMSEA 值小于 0.05 时，表示模型拟合得很好；RMSEA 值介于 0.05 到 0.08，表示模型拟合得良好；RMSEA 值介于 0.08～0.1，说明模型拟合得一般；当 RMSEA 值大于 0.1，说明模型拟合得较差，通常 0.08 为 RMSEA 临界值。RMSEA 对错误界定模型较为敏感，当观察模型不能真实反映真实关系时，RMSEA 会迅速变大，此外，RMSEA 模型考虑了自由度，可检验模型的复杂程度，因此，RMSEA 指标通常被视为最重要的拟合指标。

CFI 为基准线比较指标，比较底线模型的卡方值和假设理论模型的卡方值，底线模型仅包含观察变量和误差项，不包含潜变量和因子负荷间关系。CFI 取值范围多为 0 到 1，也可能大于 1，值越大，表明模型拟合得越好，CFI 的公认临界值为 0.9，若 CFI 大于 0.95，则说明模型拟合得非常好，即使样本量较小，CFI 指标也具有较为稳定的拟合度评估能力。

NFI 和 NNFI 为相对性指标值，反映假设模型与假设观察变量间没有任何可变的独立模型的差异程度（吴明隆，2010）。在样本量过小或自由度过大时，NFI 可能低估假设模型的拟合程度，NNFI 为考虑自由度后的 NFI 调整指标，NNFI 可能会低于其他拟合指标值，具体研究中可能会出现假设模型的其他拟合指标均比较理想，而 NNFI 指标却不理想的现象。NFI 或 NNFI 值大多在 0 到 1，值越大，表示模型拟合得越好，一般认为其临界值为 0.9。

聚合效度和区分效度主要采用平均方差抽取量（average variance extracted，AVE）指标检验。平均方差抽取量指被潜在构念所解释的变异量有多少来自测量误差，平均方差抽取量越大，潜在构念对指标变量的解释水平越高，相应的测量误差越小，一般而言，平均方差抽取量要大于 0.5。平均方差抽取量是聚合效度检验指标，值越大，表示聚合效度越好，测量指标越能反映潜变量的本质。此外，若各条目的因子载荷较高，一般要求高于 0.5，也可说明量表具有较好的聚合效度。Fornell 和 Larcker（1981）提出，若潜变量各维度平均方差抽取量的平方根大于各维度相关系数，则说明量表具有良好的区分效度。此外，我们还基于验证性因子分析检验各构念的区分效度，以及研究数据的同源方差问题。

1. 个体内变量效度检验

由表 5 - 5 验证性因子分析结果可知，个体内变量测量模型的 $\frac{\chi^2}{df} = 3.06$，RMSEA = 0.075，GFI = 0.88，CFI = 0.97，NFI = 0.96，NNFI = 0.97，模型各项拟合指标均达到统计学要求，说明模型拟合得较好。其中，不当督导为单因子结构，不当督导各条测项因子载荷普遍较大，均达到 0.01 显著水平；不当督导的平均方差抽取量为 0.57，高于 0.5 的临界水平，说明不当督导具有良好的聚合效度。消极情绪为单因子结构，消极情绪各条测项因子载荷普遍较大，均达到 0.01 显著水平；消极情绪的平均方差抽取量为 0.73，高于 0.5 的临界水平，说明消极情绪具有良好的聚合效度。反生产行为包括四个维度：组织导向、领导导向、顾客导向和同事导向，各维度反生产行为的各条测项因子载荷普遍较大，均达到 0.01 显著水平；组织导向反生产行为的平均方差抽取量为 0.56，高于 0.5 的临界水平，说明组织导向反生产行为具有良好的聚合效度；领导导向反生产行为的平均方差抽取量为 0.50，符合 0.5 的临界水平，说明领导导向反生产行为具有良好的聚合效度；顾客导向反生产行为的平均方差抽取量为 0.63，高于 0.5 的临界水平，说明顾客导向反生产行为具有良好的聚合效度；同事导向反生产行为的平均方差抽取量为 0.53，高于 0.5 的临界水平，说明同事导向反生产行为具有良好的聚合效度。

个体内变量的区分效度检验结果如表 5 - 6 所示，表中对角线数值为变量平均方差抽取量的平方根，对角线以下数值表示各变量之间相关系数。由表 5 - 6 可知，大部分变量平均方差抽取量的平方根均大于各变量间相关系数，说明这些变量具有明显的区分效度。但组织导向与领导导向反生产行为的相关系数大于领导导向反生产行为的平均方差抽取量平方根；组织导向与顾客导向反生产行为的相关系数大于组织导向反生产行为的平均方差抽取量平方根；领导导向与顾客导向反生产行为相关系数大于领导导向反生产行为的平均方差抽取量平方根。为此，本书将通过验证性因子分析进一步检验变量之间的区分效度。

表5-5 个体内变量聚合效度分析

变量	题项	因子载荷	标准误（S. E.）	AVE
不当督导	AS1	0.73	0.47	0.57
	AS2	0.68	0.54	
	AS3	0.74	0.46	
	AS4	0.81	0.35	
	AS5	0.80	0.36	
消极情绪	NE1	0.82	0.32	0.73
	NE2	0.86	0.26	
	NE3	0.88	0.22	
组织导向反生产行为	OCWB1	0.69	0.52	0.56
	OCWB2	0.77	0.41	
	OCWB3	0.78	0.41	
领导导向反生产行为	SCWB1	0.71	0.49	0.50
	SCWB2	0.70	0.51	
	SCWB3	0.69	0.53	
顾客导向反生产行为	CCWB1	0.78	0.39	0.63
	CCWB2	0.83	0.31	
	CCWB3	0.76	0.41	
同事导向反生产行为	WCWB1	0.53	0.71	0.53
	WCWB2	0.81	0.34	
	WCWB3	0.80	0.36	
拟合度指标	$\chi^2/df = 3.06$	RMSEA = 0.075	GFI = 0.88	
	CFI = 0.97	NFI = 0.96	NNFI = 0.97	

注：$AVE = (\sum \lambda^2)/[\sum(\theta) + (\sum \lambda^2)]$，$\lambda$ 为指标变量在潜变量上的标准化参数估计值，即标准化因子载荷量，θ 为观察变量的误差变异量，验证性因子分析无法直接得到 AVE 值，本书 AVE 值通过吴明隆编制应用程序计算。

表5-6 个体内变量区分效度分析

变量	1	2	3	4	5	6
AS	(0.75)					

续表

变量	1	2	3	4	5	6
NE	0.47**	(0.85)				
OCWB	0.55**	0.55**	(0.75)			
SCWB	0.59**	0.66**	0.74**	(0.71)		
CCWB	0.49**	0.60**	0.76**	0.78**	(0.79)	
WCWB	0.56**	0.59**	0.70**	0.71**	0.66**	(0.73)

注：**表示 $p < 0.01$。

此外，我们通过验证性因子分析检验个体内变量之间区分效度，验证性因子分析结果如表5-7所示，个体内变量的六因子模型各项拟合指标（$\frac{x^2}{df} = 3.06$，RMSEA $= 0.075$，GFI $= 0.88$，CFI $= 0.97$，NFI $= 0.96$，NNFI $= 0.97$）均达到统计学要求，说明六因子模型拟合得较好，且明显优于五因子、四因子、三因子、二因子、单因子模型，因此，不当督导、消极情绪、组织导向、领导导向、顾客导向、同事导向反生产行为是不同构念。此外，个体内变量的单因子模型各项拟合指标均未达到统计学要求，即个体内变量的单因子模型拟合得较差，说明个体内变量不存在严重同源方差问题。

表5-7　个体内变量验证性因子结构分析

结构	$\frac{x^2}{df}$	RMSEA	GFI	CFI	NFI	NNFI
单因子	10.70	0.163	0.67	0.88	0.87	0.87
二因子	8.23	0.141	0.72	0.91	0.90	0.90
三因子	3.96	0.090	0.85	0.96	0.94	0.95
四因子	3.66	0.085	0.86	0.96	0.95	0.96
五因子	3.35	0.080	0.87	0.97	0.95	0.96
六因子	3.06	0.075	0.88	0.97	0.96	0.97

注：单因子：AS + NE + OCWB + SCWB + CCWB + WCWB

二因子：AS + NE；OCWB + SCWB + CCWB + WCWB

三因子：AS；NE；OCWB + SCWB + CCWB + WCWB

四因子：AS；NE；OCWB + CCWB；SCWB + WCWB

五因子：AS；NE；WCWB + SCWB；OCWB；CCWB

六因子：AS；NE；OCWB；SCWB；CCWB；WCWB

2. 个体间变量效度检验

组织伦理氛围（个体间变量）包括三个维度：规则氛围、自利氛围、关怀氛围。由表5-8验证性因子分析结果可知，$\frac{\chi^2}{df}=1.48$，RMSEA=0.08，GFI=0.85，CFI=0.96，NFI=0.87，NNFI=0.96，模型各项拟合指标均达到统计学要求，说明模型拟合得较好。组织伦理氛围各题项因子载荷普遍较大，均达到0.01显著水平；规则氛围的平均方差抽取量为0.67，高于0.5的临界水平，说明规则氛围具有良好的聚合效度；自利氛围的平均方差抽取量为0.57，高于0.5的临界水平，说明自利氛围具有良好的聚合效度；关怀氛围的平均方差抽取量为0.46，略低于0.5的临界水平，说明关怀氛围聚合效度一般，属于可接受水平。

表5-8　组织伦理氛围聚合效果分析

维度	题项	因子载荷	标准误（S.E.）	AVE
规则氛围	RC1	0.83	0.31	0.67
	RC2	0.86	0.26	
	RC3	0.76	0.42	
	RC4	0.81	0.35	
自利氛围	IC1	0.73	0.47	0.57
	IC2	0.88	0.23	
	IC3	0.63	0.60	
关怀氛围	CC1	0.69	0.53	0.46
	CC2	0.72	0.48	
	CC3	0.75	0.43	
	CC4	0.58	0.66	
	CC5	0.60	0.64	
拟合度指标	$\frac{\chi^2}{df}=1.48$ CFI=0.96	RMSEA=0.08 NFI=0.87	GFI=0.85 NNFI=0.96	

组织伦理氛围的区分效度检验结果如表5-9所示，表中对角线数值为平均方差抽取量的平方根，对角线以下数值表示各维度组织伦理氛围间相关系数，各维度组织伦理氛围平均方差抽取量的平方根均大于各维度间相关系数，说明各维度组织伦理氛围测量工具具有良好的区分效度。

表 5 - 9　组织伦理氛围区分效度分析

维度	规则氛围	自利氛围	关怀氛围
规则氛围	(0.82)		
自利氛围	- 0.08	(0.75)	
关怀氛围	0.36 **	- 0.35 **	(0.67)

注：** 表示 $p < 0.01$。

此外，我们通过验证性因子分析检验组织伦理氛围各维度之间区分效度，验证性因子分析结果如表 5 - 10 所示，组织伦理氛围的三因子模型各项拟合（$\frac{\chi^2}{df} = 1.48$，RMSEA = 0.08，GFI = 0.85，CFI = 0.96，NFI = 0.87，NNFI = 0.96）指标均达到统计学要求，说明三因子模型拟合得较好，且明显优于二因子模型、单因子模型，因此，规则氛围、自利氛围、关怀氛围为三种不同组织伦理氛围。此外，组织伦理氛围的单因子模型各项拟合指标均未达到统计学要求，即组织伦理氛围的单因子模型拟合得较差，说明组织伦理氛围不存在严重同源方差问题。

表 5 - 10　组织伦理氛围验证性因子结构分析

结构	$\frac{\chi^2}{df}$	RMSEA	GFI	CFI	NFI	NNFI
单因子	5.32	0.25	0.63	0.63	0.60	0.57
二因子	3.24	0.18	0.74	0.81	0.74	0.75
三因子	1.48	0.08	0.85	0.96	0.87	0.96

注：单因子：规则氛围 + 关怀氛围 + 自利氛围

二因子：规则氛围 + 关怀氛围；自利氛围

三因子：规则氛围；关怀氛围；自利氛围

第三节　描述性统计分析

本书主要变量的均值、标准差和相关系数如表 5 - 11 所示，其中，个体内区域对角线以上为个体内变量间相关系数，对角线以下相关系数由个体内变量聚合为个体间变量计算所得。个体间区域相关系数为个体间变量或由个体内数据汇聚为个体间数据计算所得。在个体内层次，不当督导与组织导向（r = 0.55，p <

0.01）、领导导向（r = 0.59，p < 0.01）、顾客导向（r = 0.49，p < 0.01）、同事
导向反生产行为（r = 0.56，p < 0.01）显著正相关；不当督导与消极情绪（r =
0.47，p < 0.01）显著正相关；消极情绪与组织导向（r = 0.55，p < 0.01）、领导
导向（r = 0.66，p < 0.01）、顾客导向（r = 0.60，p < 0.01）、同事导向反生产行
为（r = 0.59，p < 0.01）显著正相关。在个体间层次，规则氛围与组织导
向（r = − 0.26，p < 0.05）、顾客导向反生产行为（r = − 0.27，p < 0.05）显著
负相关；自利氛围与组织导向（r = 0.48，p < 0.01）、领导导向（r = 0.38，p <
0.01）、顾客导向（r = 0.38，p < 0.01）、同事导向反生产行为（r = 0.45，p <
0.01）显著正相关；关怀氛围与同事导向反生产行为（r = − 0.23，p < 0.05）显
著负相关；相关性分析结果为本书假设验证奠定了初步基础。

表 5 – 11　主要变量的均值、标准差和相关系数

变量	M	SD	1	2	3	4	5	6	7	8
个体内变量	N = 365									
1. AS	2.64	1.15	1	0.47 **	0.55 **	0.59 **	0.49 **	0.56 **		
2. NE	2.93	1.49	0.41 **	1	0.55 **	0.66 **	0.60 **	0.59 **		
3. OCWB	2.58	1.07	0.42 *	0.46 **	1	0.75 **	0.76 **	0.70 **		
4. SCWB	2.42	1.05	0.49 **	0.54 **	0.67 **	1	0.78 **	0.72 **		
5. CCWB	2.50	1.16	0.40 **	0.49 **	0.66 **	0.64 **	1	0.67 **		
6. WCWB	2.53	1.04	0.41 **	0.47 **	0.59 **	0.62 **	0.54 **	1		
个体间变量	N = 73									
7. RC	5.37	1.12	− 0.04	− 0.10	− 0.26 *	− 0.19	− 0.27 *	− 0.23	1	
8. IC	3.25	1.20	0.50 **	0.44 **	0.48 **	0.38 **	0.38 **	0.45 **	− 0.08	1
9. CC	4.56	1.01	− 0.19	− 0.28 *	− 0.17	− 0.15	− 0.22	− 0.23 *	0.36 **	− 0.35 **

注：个体内变量的样本数 N = 365 个，个体间变量的样本数 N = 73，* 表示 p < 0.05，** 表示
p < 0.01。

第四节　假设检验

一、多层线性模型概述

组织现象具有多层次性，其不仅受个体特质影响，也受其所处团队、组织、
社会环境等更高层次因素影响，而传统线性模型无法区分出个体因素以及更高层

次因素对个体心态、行为变异量的解释水平。20 世纪 80 年代，学者们开发并完善了适用于分析嵌套数据的多层统计分析模型。该模型不仅适用于分析传统嵌套数据，如个人数据嵌套于团队、团队数据嵌套于组织、组织数据嵌套于文化，也适用于分析重复测量的纵向数据，如对员工满意度的重复追踪性测量，其中，重复测量数据为低层次 Level 1 因素，具有稳定特征的个体特质或环境因素等为高层次 Level 2 因素。本书数据为基于日记追踪法的重复测量数据，其中，不当督导、消极情绪、组织导向、领导导向、顾客导向、同事导向反生产行为为重复测量变量；人口统计学特征、组织伦理氛围等具有相对稳定性，为单次测量变量，每天重复测量数据嵌套于单次测量数据，即重复测量变量为 Level 1 变量，单次测量变量为 Level 2 变量。因此，本书适于采用多层线性模型分析方法。

1. HLM 优势分析

第一，多层次分析模型（HLM）有利于准确分析嵌套数据，多层分析模型不仅可以同时估计不同层次预测变量对结果变量的影响程度，区分预测变量的组内变异量和组间变异量，还可以确保不同层次预测变量的正确层次。学者们在使用多层次分析模型前，必须明确知晓每个变量的分析层次以及不同层次变量之间的关系，因此，多层次分析模型的应用有助于发展、完善多层次理论。

第二，多层次分析模型分析不要求观察数据相互独立，不会因数据相互依赖而使参数标准误估计产生偏倚，因此，多层线性模型的分析结果更可靠。

第三，多层线性模型可以改善 Level 1 层次估计效果。多层线性模型的参数估计采用经验贝叶斯估计法，此方法基于全部资料进行参数估计，其参数估计不仅可以利用各单位的数据，也能利用其他相似单位的数据，因此，Level 1 系数是基于所有数据信息的估计结果。

第四，多层线性模型不仅可以用来分析一般层次嵌套数据，还可以用来分析重复测量数据。多层线性模型在分析重复测量数据中具备一系列优势：首先，多层线性模型可以有效地处理非均衡数据，即多层线性模型不要求每次测量数据具有相同数量的观测个体，不要求观察个体具有相同的观测次数和观测时间间隔；其次，受被调研者主观因素和客观因素影响，重复测量数据常常易于出现缺失数据情况，多层线性模型可有效处理缺失数据；最后，多层次分析模型不仅能明确表示个体内差异，不同时间点预测变量对结果变量的影响效果，还能表示个体间差异，预测变量对结果变量的影响系数因不同个体而表现出差异（廖卉和庄瑗嘉，2012；刘红云和孟庆茂，2003）。

2. HLM 基本模型

HLM 主要包括以下几种形式：

零模型一般公式为：

$$Y_{ij} = \beta_{0j} + r_{ij} \tag{5-1}$$

$$Var\ (r_{ij})\ = \sigma^2$$

$$\beta_{0j} = \gamma_{00} + \mu_{0j} \tag{5-2}$$

$$Var\ (\mu_{0j})\ = \tau_{00}$$

该模型没有预测变量，将 Y 变异量分解为组内差异和组间差异，即方差分析。β_{0j} 是第 j 组中 Y 的平均数，γ_{00} 是 Y 的总平均数，r_{ij} 的方差（σ^2）是 Y 的组内方差，μ_{0j} 的方差（τ_{00}）是 Y 的组间方差。由此，结果变量 Y 的总方差为 $\sigma^2 + \tau_{00}$，组间方差占总方差的比例（ICC）为 $\sigma^2/\sigma^2 + \tau_{00}$。

随机系数模型一般公式为：

$$Y_{ij} = \beta_{0j} + \beta_{1j}X_{ij} + r_{ij} \tag{5-3}$$

$$\beta_{0j} = \gamma_{00} + \mu_{0j} \tag{5-4}$$

$$\beta_{1j} = \gamma_{10} + \mu_{1j} \tag{5-5}$$

其中，下标 i 表示第一层的个体，下标 j 表示第一层个体隶属第二层的群体，Y_{ij} 表示个体 i 在第 j 个群体中的结果变量值，X_{ij} 表示个体 i 在第 j 个群体中的预测变量值。β_{0j} 和 β_{1j} 是每个 j 群体分别被估计出的截距值和斜率值，r_{ij} 是残差项。γ_{00} 和 γ_{10} 分别为 β_{0j} 和 β_{1j} 的平均值，它们在第二层群体中是恒定不变的，为 β_{0j} 和 β_{1j} 的固定部分。μ_{0j} 和 μ_{1j} 是 β_{0j} 和 β_{1j} 的随机成分，表示第二层群体之间的变异。

该模型的方差、协方差表示为：

$$Var\ (\mu_{0j})\ = \tau_{00}$$

$$Var\ (\mu_{1j})\ = \tau_{11}$$

$$Cov\ (\mu_{0j},\ \mu_{1j})\ = \tau_{11}$$

将式（5-4）和式（5-5）代入式（5-3）得到组合模型：

$$Y_{ij} = \gamma_{00} + \gamma_{10}X_{ij} + \mu_{0j} + \mu_{1j}X_{ij} + r_{ij} \tag{5-6}$$

完整模型一般公式为：

$$Y_{ij} = \beta_{0j} + \beta_{1j}X_{1ij} + r_{ij} \tag{5-7}$$

$$Var\ (r_{ij})\ = \sigma^2$$

$$\beta_{0j} = \gamma_{00} + \gamma_{01}W_{1j} + \mu_{0j} \tag{5-8}$$

$$Var\ (\mu_{0j})\ = \tau_{00}$$

$$\beta_{1j} = \gamma_{10} + \gamma_{11}W_{1j} + \mu_{1j} \tag{5-9}$$

$$Var\ (\mu_{1j})\ = \tau_{11}$$

完整模型指结果变量 Y 既受到第一层因素影响，也受到第二层因素影响，上式为最简单的完整模型，第一层（X）、第二层（W）各有一个预测变量影响结果变量 Y。β_{0j} 表示与第二层群组 j 相关的第一层截距，γ_{00} 是跨群组截距项的平均数，γ_{01} 是 Level 2 的斜率（以 Level 1 中截距为结果），μ_{0j} 为截距项残差的方差；

β_{1j} 表示与第二层群组 j 相关的第一层斜率，γ_{10} 是跨群组斜率的平均数，γ_{11} 是 Level 2 的斜率（以 Level 1 中斜率为结果），μ_{1j} 为斜率残差的方差。

协方差分析模型一般公式：

$$Y_{ij} = \beta_{0j} + \beta_{1j} \left(X_{ij} - (\overline{X..}) \right) + r_{ij} \tag{5-10}$$
$$Var（r_{ij}）= \sigma^2$$
$$\beta_{0j} = \gamma_{00} + \mu_{0j} \tag{5-11}$$
$$Var（\mu_{0j}）= \tau_{00}$$
$$\beta_{1j} = \gamma_{10} \tag{5-12}$$
$$Var（\mu_{1j}）= \tau_{11}$$

协方差分析模型与传统协方差分析法一样，以总体平均数为参照定位，其区别在于，其校准平均数（β_{0j}）包括固定成分（γ_{00}）和随机成分（μ_{0j}）。式（5-12）中只有固定项，没有随机项，γ_{10} 表示协变量 X 的固定效应，反映协方差分析的假设：协变量影响因变量的回归系数在不同组中没有差异，可通过包括随机项 μ_{1j} 的方差是否为 0 检验。

3. HLM 中心化

传统多元回归分析中，学者主要对回归方程斜率感兴趣，不太关注回归方程的截距值，但在多层回归模型中，Level 1 回归方程中的截距和斜率是 Level 2 方程中的结果变量，因此，赋予 Level 1 方程中截距、斜率有意义的解释显得尤为重要。回归方程的截距通常与预测变量的取值或尺度有关，当一个连续变量取 0 值不存在现实解释意义时，则需对变量进行定位，或称为中心化。如预测变量 X 为年龄，截距值为被调查者 0 岁时结果变量 Y 的取值，而现实中个体年龄为 0 岁没有意义，为使截距值更具现实意义，我们需对预测变量进行重新定位（中心化），假如样本平均年龄为 30 岁，我们可将所有观察变量值减去 30 岁，这时截距值表示个体年龄刚好为样本平均年龄时结果变量的期望值。

多层线性模型中通常存在三种中心化方式：①原始尺度（粗定位），即使用预测变量的原始值；②总平均数中心化，即将预测变量的原始值减去所有样本的总平均数；③组别平均数中心化，即将预测变量的原始值减去其所在组的平均数。采用不同中心化方式，截距具有不同的意义，若 Level 1 预测变量采用总平均数中心化方式，β_{0j} 表示在预测变量平均值处，结果变量在第 j 组的平均值。采用总平均数中心化不会改变原有模型的拟合度、预测值和残差，只是改变了每个参数估计值。若 Level 1 预测变量采用组别平均数中心化，β_{0j} 表示第 j 组结果变量的平均值。由于不同组别具有不同的平均数，即每组预测变量减去不同平均数，因此，组别平均数中心化与原始模型具有不同的统计学效用。多层线性模型中的中心化不仅赋予截距项解释意义，还能提高模型运行速度、模型收敛效率。

在具体实践中，中心化是一个较为复杂的问题，学者们就如何处理 Level 1 和 Level 2 预测变量中心化提出了一些建议（廖卉和庄瑗嘉，2012）。

关于 Level 1 预测变量中心化建议：

（1）Level 1 预测变量采用原始尺度与总平均数中心化具有同等的统计学效果，采用组别平均数中心化的统计学效果不同于上述两种方法。

（2）若要检验 Level 1 预测变量的主效应，采用原始尺度和总平均数中心化均可。若主要比较某个体与群组中其他个体，即蛙池效应，有学者建议采用组别平均数中心化，因为总平均数中心化得到的结果包括组间和组内效应，而组别平均数中心化可消除组间变异，能准确估计组内回归效应（Enders 和 Tofighi，2007）。

（3）若要控制住 Level 1 预测变量的影响效果，检验 Level 2 预测变量的主效应，可对 Level 1 预测变量采用原始尺度或总平均数中心化。在检验 Level 2 预测变量的主效应时，Level 1 预测因素若采用组别平均数中心化，则无法控制其影响效果，为有效控制 Level 1 预测变量效应，需将 Level 1 预测变量采用组别平均数中心化后作为 Level 2 的控制变量。若 Level 1 变量仅为控制变量，主要研究 Level 2 预测变量的主效应，则 Level 1 预测变量采用总平均数中心化。

（4）若要检验 Level 1 预测因素和 Level 2 预测因素之间的交互效应，对 Level 1 预测变量采用原始尺度和总平均数中心化均可。但此法估计的 Level 1 斜率包含组内和组间交互效应，结果可能是假性的，因此，需要在 Level 2 回归分析中控制住 Level 1 预测变量的组别平均数、Level 2 预测因素、Level 1 预测变量组别平均数与 Level 2 预测变量的交互项，此时，才能获取真实的跨层次交互效应。

关于 Level 2 预测变量中心化建议：

Level 2 预测变量的中心化问题没有 Level 1 预测变量中心化问题那么复杂和重要，由于 Level 2 预测变量值在每一群组中是固定的，一般对 Level 2 变量只需采用原始尺度或总平均数中心化即可。在 Level 2 模型中包括 Level 2 变量间的高阶项，如二次项、三次项，建议采用总平均数中心化。

二、不当督导的主效应检验

1. 虚无模型

本书认为各种反生产行为不仅受个体内因素：不当督导、消极情绪影响，同时受到个体间变量：组织伦理氛围的影响，因此，首先需要检验反生产行为在个体内层次和个体间层次均存在变异量。此外，传统研究中通常将不当督导、消极情绪视为个体间变量，即不存在个体内差异，而本书将其视为个体内变量，强调其个体内变异量。为此，在正式使用 HLM 进行假设验证分析之前，我们首先检验各变量的虚无模型，即以不当督导、消极情绪、组织导向、领导导向、顾客导向、同事导向反生产行为为结果变量，没有预测变量的模型。

个体内变量的虚无模型方程：

Level 1：$Y = \beta_0 + r$

Level 2：$\beta_0 = \gamma_{00} + \mu_{0j}$

其中，Y 分别为不当督导，消极情绪，组织、领导、顾客、同事导向反生产行为。

虚无模型结果如表 5 – 12 所示，不当督导、消极情绪、组织导向、领导导向、顾客导向、同事导向反生产行为在个体内水平存在 30% 左右的变异量，说明我们可以基于个体内研究设计解释不当督导对反生产行为的影响机制。

表 5 – 12 个体内变量虚无模型检验结果

变量	截距 γ_{00}	个体内方差 σ^2	个体间方差 τ_{00}	个体内方差占总方差的比值 ICC
不当督导	2.64***	0.35	0.98	26%
消极情绪	2.93***	0.78	1.47	35%
组织导向反生产行为	2.58***	0.39	0.77	24%
领导导向反生产行为	2.42***	0.37	0.74	34%
顾客导向反生产行为	2.50***	0.36	1.00	26%
同事导向反生产行为	2.53***	0.42	0.67	38%

注：*** 表示 $p < 0.01$。

2. 不当督导对反生产行为的主效应检验

虚无模型结果说明反生产行为存在个体内差异与个体间差异，适合构建以截距为结果的模型。为此，我们构建了反生产行为的影响因素模型，以个体间变量人口统计学特征为控制变量，个体内变量不当督导是个体内变量反生产行为的预测因素。

不当督导的主效应模型方程：

Level 1：$Y = \beta_0 + \beta_1{}^*$（不当督导）$+ r$

Level 2：$\beta_0 = \gamma_{00} + \gamma_{01}{}^*$（性别）$+ \gamma_{02}{}^*$（教育程度）$+ \gamma_{03}{}^*$（年龄）$+ \gamma_{04}{}^*$（加入组织年限）$+ \mu_0$

$\beta_1 = \gamma_{10} + \mu_1$

其中，Y 分别为组织、领导、顾客、同事导向反生产行为。

根据廖卉和庄瑷嘉（2012）建议，检验 Level 1 水平预测变量的主效应，可对 Level 1 数据进行总平均数中心化；Level 2 数据中心化意义相对较小，对 Level 2 数据进行总平均数中心化较为实用和方便。因此，我们在验证不当督导主效应时，对 Level 1 变量不当督导进行总平均数中心化，对 Level 2 层次的控制变量：性别、年龄、教育程度、加入组织年限也进行总平均数中心化。

主效应分析结果如表 5 – 13 所示，关于组织导向反生产行为的研究发现：年龄与组织导向反生产行为（$\beta = -0.24$，$p < 0.05$）显著负相关，性别、教育程度、加入组织年限对组织导向反生产行为的影响效果不显著。在 Level 2 层次将性别、年龄、教育程度、加入组织年龄作为组织导向反生产行为的控制变量，在 Level 1 层次加入组织导向反生产行为的预测变量不当督导，结果发现，不当督导对组织导向反生产行为（$\beta = 0.13$，$p < 0.05$）具有显著的正效应，假设 1a 得到验证。

关于领导导向反生产行为的研究发现：教育程度（$\beta = -0.19$，$p < 0.1$）、年龄（$\beta = -0.28$，$p < 0.01$）对领导导向反生产行为具有显著的负效应，性别、加入组织年限对领导导向反生产行为的影响效果不显著。在 Level 2 层次将性别、年龄、教育程度、加入组织年龄作为领导导向反生产行为的控制变量，在 Level 1 层次加入领导导向反生产行为的预测变量不当督导，结果发现，不当督导对领导导向反生产行为（$\beta = 0.24$，$p < 0.01$）具有显著的正效应，假设 1b 得到验证。

关于顾客导向反生产行为的研究发现：教育程度（$\beta = -0.21$，$p < 0.1$）、年龄（$\beta = -0.44$，$p < 0.01$）对顾客导向反生产行为具有显著的负效应，年龄、加入组织年限对顾客导向反生产行为的影响效果不显著。在 Level 2 层次将性别、年龄、教育程度、加入组织年龄作为顾客导向反生产行为的控制变量，在 Level 1 层次加入顾客导向反生产行为的预测变量不当督导，结果发现，不当督导对顾客导向反生产行为（$\beta = 0.16$，$p < 0.05$）具有显著的正效应，假设 1c 得到验证。

关于同事导向反生产行为的研究发现：年龄与同事导向反生产行为（$\beta = -0.16$，$p < 0.1$）显著负相关，性别、教育程度、加入组织年限对同事导向反生产行为的影响效果不显著。在 Level 2 层次将性别、年龄、教育程度、加入组织年龄作为同事导向反生产行为的控制变量，在 Level 1 层次加入同事导向反生产行为的预测变量不当督导，结果发现，不当督导对同事导向反生产行为（$\beta = 0.14$，$p < 0.05$）具有显著的正效应，假设 1d 得到验证。

假设 2 提出，不当督导对反生产行为的影响强度依次为组织导向、领导导向、顾客导向、同事导向。结果如表 5 – 13 所示，不当督导对领导导向反生产行为（$\beta = 0.24$，$p < 0.01$）的影响系数最大，且达到 0.01 显著性水平，不当督导对顾客导向（$\beta = 0.16$，$p < 0.05$）、同事导向反生产行为（$\beta = 0.14$，$p < 0.05$）的影响效果次之，不当督导对组织导向反生产行为（$\beta = 0.13$，$p < 0.05$）的影响效果最弱。此外，在控制住个体间变量性别、教育程度、年龄和加入单位年限的基础上，不当督导可解释组织导向反生产行为个体内变异量的 2%，可解释领

导导向反生产行为个体内变异量的 8% ，可解释顾客导向反生产行为个体内变异量的 8% ，可解释同事导向反生产行为个体内变异量的 2% ，因此，结果表明，不当督导对反生产行为的影响强度依次为领导导向、顾客导向、同事导向，假设 2 得到部分验证。

表 5 – 13　不当督导的主效应检验结果

变量	组织 CWB		领导 CWB		顾客 CWB		同事 CWB	
	M1	M2	M3	M4	M5	M6	M7	M8
截距项	3.10***	3.75***	3.91***	3.58***	4.01***	3.87***	3.37***	3.10***
个体内因变量								
不当督导		0.13**		0.24***		0.16**		0.14**
个体间控制变量								
性别	−0.33	−0.28*	−0.29	−0.25	−0.03	−0.01	−0.35	−0.30
教育	−0.10	−0.08	−0.19*	−0.15*	−0.21*	−0.19	−0.01	0.03
年龄	−0.24**	−0.21**	−0.28***	−0.26***	−0.44***	−0.44***	−0.16*	−0.12
加入组织年限	−0.16	−0.13	−0.09	−0.01	0.05	−0.05	0.06	−0.03
方差成分								
σ^2	0.39	0.38	0.37	0.34	0.36	0.33	0.42	0.41
τ_{00}	0.71***	0.56***	0.67***	0.38***	0.89***	0.73***	0.66***	0.46***
τ_{11}		0.04		0.10**		0.09***		0.06

注：* 表示 $p < 0.1$；** 表示 $p < 0.05$；*** 表示 $p < 0.01$。

三、消极情绪的中介效应检验

Baron 和 Kenny（1986）的中介效应检验方法分为三个步骤：①检验预测变量 X 对结果变量 Y 的影响效果，若显著进行第二步检验；②检验预测 X 对中介变量 M 的影响效果，若显著进行第三步检验；③在控制住预测变量 X 的基础上加入中介变量 M，若 M 对 Y 的影响系数显著，X 对 Y 的影响系数由显著变为不显著，则为完全中介作用；若 M 对 Y 的影响系数显著，X 对 Y 的影响系数仍然显著，可通过 Sobel 检验判断中介效应；若 M 对 Y 的影响系数不显著，则不存在中介效应。部分学者将此中介效应验证法应用到多层中介效应模型中，他们系统总结多层中介效应常见模型，如 1 – 1 – 1 模型，即预测变量、中介变量、结果变量均为 Level 1 层次变量；2 – 1 – 1 模型，即预测变量为 Level 2 层次变量，中介变量、结果变量为 Level 1 层次变量；2 – 2 – 1 模型，即预测变量、中介变量为 Level 2 层次变量，结果变量为 Level 1 层次变量；2 – 2 – 2 模型，即预测变量、中介变量、结果变量均为 Level 1 层次变量。本书中介效应模型为 1 - 1 - 1 模型，根据他们的研究观点，1 - 1 - 1 模型的检验步骤为（Zhang 等，2009；Mathieu 和 Taylor，2007）：

步骤 1：检验 X→Y

Level 1：$Y_{ij} = \beta_{0j} + \beta_{1j}X_{ij} + r_{ij}$

Level 2：$\beta_{0j} = \gamma_{00} + \mu_{0j}$

$\beta_{1j} = \gamma_{10} + \mu_{1j}$

步骤 2：检验 X→M

Level 1：$M_{ij} = \beta_{0j} + \beta_{1j}X_{ij} + r_{ij}$

Level 2：$\beta_{0j} = \gamma_{00} + \mu_{0j}$

$\beta_{1j} = \gamma_{10} + \mu_{1j}$

步骤 3：控制 X，检验 M→Y

Level 1：$Y_{ij} = \beta_{0j} + \beta_{1j}X_{ij} + \beta_{2j}M_{ij} + r_{ij}$

Level 2：$\beta_{0j} = \gamma_{00} + \mu_{0j}$

$\beta_{1j} = \gamma_{10} + \mu_{1j}$

$\beta_{2j} = \gamma_{20} + \mu_{2j}$

本书基于上述中介效应检验步骤验证消极情绪的中介作用：首先，检验预测变量对结果变量的直接效应，此部分检验结果见表 5 - 13。其次，检验预测变量对中介变量的直接效应，根据上述检验程序，对 Level 1 层次：不当督导进行总平均数中心化，同时，将 Level 2 层次的性别、年龄、教育程度、加入组织年限作为控制变量，并采用总平均数中心化处理 Level 2 层次变量。最后，在控制住预测变量的基础上，检验中介变量对结果变量的影响效果，在此检验过程中，同样以总平均数中心化处理 Level 1 层次变量：不当督导、消极情绪；Level 2 层次变量：性别、年龄、教育程度、加入组织年限。

消极情绪的中介作用模型方程：

Level 1：$Y = \beta_0 + \beta_1{}^* （不当督导）+ \beta_2{}^* （消极情绪）+ r$

Level 2：$\beta_0 = \gamma_{00} + \gamma_{01}{}^* （性别）+ \gamma_{02}{}^* （教育程度）+ \gamma_{03}{}^* （年龄）+ \gamma_{04}{}^* （加入组织年限）+ \mu_0$

$\beta_1 = \gamma_{10} + \mu_1$

$\beta_2 = \gamma_{20} + \mu_2$

其中，Y 分别为组织、领导、顾客、同事导向反生产行为。

消极情绪在不当督导与组织导向反生产行为关系中的中介效应检验结果分析：①表 5 - 13 模型 2 表明，不当督导对组织导向反生产行为（β = 0.13，p < 0.05）具有显著的正效应；②表 5 - 14 模型 9 表明，不当督导对中介变量消极情

绪（β=0.35，p<0.01）具有显著的正效应；③表5-14模型10表明，在控制住不当督导后，中介变量消极情绪对组织导向反生产行为（β=0.18，p<0.01）具有显著的正效应，组织导向反生产行为16%的个体内变异量可由消极情绪解释，不当督导对组织导向反生产行为的影响效果由显著（β=0.13，p<0.05）变为不显著（β=0.07，n.s.），上述分析表明，消极情绪在不当督导影响组织导向反生产行为过程中起完全中介作用，因此，假设3a得到验证。

消极情绪在不当督导与领导导向反生产行为关系中的中介效应检验结果分析：①表5-13模型4表明，不当督导对领导导向反生产行为（β=0.24，p<0.01）具有显著的正效应；②表5-14模型9表明，不当督导对中介变量消极情绪（β=0.35，p<0.01）具有显著的正效应；③表5-14模型11表明，在控制住不当督导后，中介变量消极情绪对领导导向反生产行为（β=0.18，p<0.01）具有显著的正效应，领导导向反生产行为13%的个体内变异量可由消极情绪解释，不当督导对领导导向反生产行为的影响系数由0.24（p<0.01）下降为0.19（p<0.01），但未改变显著性水平。本书通过Sobel检验（MacKinnon等，1995），进一步验证中介作用的显著性，即检验统计量Z的显著性，$Z = a \times b / \mathrm{SQRT}(b^2 \times s_a^2 + a^2 \times s_b^2)$，a表示不当督导影响消极情绪的非标准化系数，$s_a$为其标准误；b表示控制住不当督导，消极情绪影响领导导向反生产行为的非标准化系数，s_b为其标准误。Sobel检验结果（Z=2.78，p<0.01）表明，消极情绪在不当督导影响领导导向反生产行为过程中起部分中介作用，因此，假设3b得到部分验证。

表5-14　消极情绪的中介效应检验结果

变量	消极情绪	组织 CWB	领导 CWB	顾客 CWB	同事 CWB
	M9	M10	M11	M12	M13
截距项	4.42***	3.52***	3.18***	3.73***	2.81***
个体内变量					
不当督导	0.35***	0.07	0.19***	0.11	0.08
消极情绪		0.18***	0.18***	0.17***	0.16***
个体间控制变量					
性别	-0.49	-0.16	-0.15	0.08	-0.24
教育程度	-0.08	-0.10	-0.10	-0.23**	0.03
年龄	-0.26*	-0.20**	0.19***	-0.38***	-0.05
加入单位年限	-0.15	-0.07	-0.01	-0.04	0.01
方差成分					
σ^2	0.65	0.32	0.30	0.26	0.37

变量	消极情绪	组织 CWB	领导 CWB	顾客 CWB	同事 CWB
	M9	M10	M11	M12	M13
τ_{00}	1.13***	0.44***	0.23***	0.60***	0.33***
τ_{11}	0.20***	0.04	0.06	0.11***	0.05*
τ_{22}		0.06***	0.06***	0.09***	0.04***
$R^2_{level-1}$		0.16	0.13	0.20	0.11

注：*表示 $p < 0.1$；**表示 $p < 0.05$；***表示 $p < 0.01$。

消极情绪在不当督导与顾客导向反生产行为关系中的中介效应检验结果分析：①表5-13模型6表明，不当督导对顾客导向反生产行为（$\beta = 0.16$，$p < 0.05$）具有显著的正效应；②表5-14模型9表明，不当督导对中介变量消极情绪（$\beta = 0.35$，$p < 0.01$）具有显著的正效应；③表5-14模型12表明，在控制住不当督导后，中介变量消极情绪对顾客导向反生产行为（$\beta = 0.17$，$p < 0.01$）具有显著的正效应，顾客导向反生产行为20%的个体内变异量可由消极情绪解释，不当督导对顾客导向反生产行为的影响系数由0.16（$p < 0.05$）变为不显著（$\beta = 0.11$，n.s.），即消极情绪在不当督导影响顾客导向反生产行为过程中起完全中介作用，因此，假设3c得到验证。

消极情绪在不当督导与同事导向反生产行为关系中的中介效应检验结果分析：①表5-13模型8表明，不当督导对同事导向反生产行为（$\beta = 0.14$，$p < 0.05$）具有显著的正效应；②表5-14模型9表明，不当督导对中介变量消极情绪（$\beta = 0.35$，$p < 0.01$）具有显著的正效应；③表5-14模型13表明，在控制住不当督导后，中介变量消极情绪对同事导向反生产行为（$\beta = 0.16$，$p < 0.01$）具有显著的正效应，同事导向反生产行为13%的个体内变异量可由消极情绪解释，不当督导对同事导向反生产行为的影响效果由显著（$\beta = 0.14$，$p < 0.05$）变为不显著（$\beta = 0.08$，n.s.），上述分析表明，消极情绪在不当督导影响顾客导向反生产行为过程中起完全中介作用，因此，假设3d得到验证。

四、组织伦理氛围的调节效应检验

Bauer等（2006）认为，检验调节式中介效应之前，首先要确定中介效应成立，并构建了多层次调节式中介效应模型。根据该模型，可通过 γ_{a1}、γ_{b1} 的显著性检验间接效应的调节效应，通过 $\gamma_{c'1}$ 的显著性检验直接效果的调节效应。

Level 1：$M_{ij} = dM_j + a_j X_{ij} + eM_{ij}$

$Y_{ij} = dY_j + b_j M_{ij} + c'_j X_{ij} + eY_{ij}$

Level 2：$d_{Mj} = \gamma_{dM0} + \gamma_{dM1} W_j + \mu_{dMj}$

$a_j = \gamma_{a0} + \gamma_{a1} W_j + \mu_{aj}$

$d_{Yj} = \gamma_{dY0} + \gamma_{dY1} W_j + \mu_{dYj}$

$b_j = \gamma_{b0} + \gamma_{b1} W_j + \mu_{bj}$

$c'_j = \gamma_{c'0} + \gamma_{c'1} W_j + \mu_{c'j}$

检验跨层次交互效应，若使用总平均数中心化或原始尺度处理 Level 1 层次数据，交互效应结果不仅包括跨层次交互作用效果，可能还包括组间交互作用结果。因此，Hofmann 和 Gavin（1998）建议，检验跨层次交互作用时，对 Level 1 层次预测变量进行组别中心化，并在 Level 2 截距模型中将预测变量的组别平均数、调节变量、预测变量的组别平均数×调节变量作为控制变量。廖卉等（2012）认为，只要在 Level 2 层次控制住预测变量的组别平均数、调节变量、预测变量的组别平均数×调节变量，使用总平均数中心化处理 Level 1 层次的预测变量，依然可得到真实的跨层次交互效应，由于一般采用原始尺度或总平均数中心化处理 Level 1 层次数据，该方法更易被理解。因此，本书基于上述跨层次调节效应中心化策略，及调节式中介效应模型，构建组织伦理氛围在不当督导通过消极情绪间接影响反生产行为过程中的跨层次调节效应模型。

组织伦理氛围的调节效应模型方程：

Level 1：$Y = \beta_0 + \beta_1^{\ *}$（不当督导）$+ \beta_2^{\ *}$（消极情绪 a）$+ r$

Level 2：$\beta_0 = \gamma_{00} + \gamma_{01}^{\ *}$（性别）$+ \gamma_{02}^{\ *}$（教育程度）$+ \gamma_{03}^{\ *}$（年龄）$+ \gamma_{04}^{\ *}$（加入组织年限）$+ \gamma_{05}^{\ *}$（规则氛围）$+ \gamma_{06}^{\ *}$（自利氛围）$+ \gamma_{07}^{\ *}$（关怀氛围）$+ \gamma_{08}^{\ *}$（消极情绪[b]）$+ \gamma_{09}^{\ *}$（情绪[b] ×规则）$+ \gamma_{10}^{\ *}$（情绪[b] ×自利）$+ \gamma_{11}^{\ *}$（情绪[b] ×关怀）$+ \mu_0$

$\beta_1 = \gamma_{10} + \mu_1$

$\beta_2 = \gamma_{20} + \gamma_{21}^{\ *}$（规则氛围）$+ \gamma_{22}^{\ *}$（自利氛围）$+ \gamma_{23}^{\ *}$（关怀氛围）$+ \mu_2$

其中，Y 分别为组织、领导、顾客、同事导向反生产行为。

表 5 - 15 模型 M16 揭示了，组织伦理氛围在不当督导通过消极情绪影响组织导向反生产行为过程的跨层次调节效应。为揭示组织伦理氛围的真实跨层次调节效应，本书采用上述建议，首先构建模型 M15 控制住消极情绪与组织伦理的组间交互效果——在 Level 2 层次控制住消极情绪的组别平均数、各维度伦理氛围、消极情绪的组别平均数×各维度伦理氛围，而 Level 1 层次的不当督导、消极情绪，Level 2 层次的人口统计学变量均采用总平均数中心化策略。结果发现，规则氛围与消极情绪的组间交互作用显著（$\beta = -0.13$，$p < 0.05$）。M16 在 M15 的基础上，加入规则氛围、自利氛围、关怀氛围（均采用总平均数中心化）对斜率 β_2 的作用效果，即消极情绪与各维度伦理氛围的跨层次交互效应，结果发现，规则氛围、自利氛围、关怀氛围可解释 7% 的消极情绪斜率方差，规则氛围、自

利氛围在不当督导通过消极情绪影响组织导向反生产行为过程中的跨层次调节效果不显著，关怀氛围在其作用机制中起负向调节作用（β = - 0.11，p < 0.1），因此，假设6a得到验证，假设4a、假设5a均未得到验证。

表5 - 15 模型 M18 揭示了，组织伦理氛围在不当督导通过消极情绪影响领导导向反生产行为过程的跨层次调节效应。为揭示组织伦理氛围的真实跨层次调节效应，本书采用廖卉和庄瑷嘉（2012）的建议，首先构建模型 M17 控制住消极情绪与组织伦理的组间交互效果——在 Level 2 层次控制住消极情绪的组别平均数、各维度伦理氛围、消极情绪的组别平均数 × 各维度伦理氛围，而 Level 1 层次的不当督导、消极情绪，Level 2 层次的人口统计学变量均采用总平均数中心化策略。结果发现，各维度伦理氛围与消极情绪的组间交互作用均不显著。M18 在 M17 的基础上，加入规则氛围、自利氛围、关怀氛围（均采用总平均数中心化）对消极情绪斜率的作用效果，即消极情绪与各维度伦理氛围的跨层次交互效应，结果发现，规则氛围、自利氛围、关怀氛围可解释 15.9% 的消极情绪斜率方差，规则氛围、自利氛围在不当督导通过消极情绪影响领导导向反生产行为过程中的跨层次调节效果均不显著，关怀氛围在其作用机制中起负向调节作用（β = - 0.12，p < 0.1），因此，假设6b得到验证，假设4b、假设5b未得到验证。

表5 - 15 模型 M20 揭示了，组织伦理氛围在不当督导通过消极情绪影响顾客导向反生产行为过程的跨层次调节效应。为揭示组织伦理氛围的真实跨层次调节效应，本书采用廖卉和庄瑷嘉（2012）的建议，首先构建 M19 控制住消极情绪与组织伦理的组间交互效果——在 Level 2 层次控制住消极情绪的组别平均数、各维度伦理氛围、消极情绪的组别平均数 × 各维度伦理氛围，而 Level 1 层次的不当督导、消极情绪，Level 2 层次的人口统计学变量均采用总平均数中心化策略。结果发现，只有规则氛围与消极情绪的组间交互作用显著（β = - 0.11，p < 0.05）。M20 在 M19 的基础上，加入规则氛围、自利氛围、关怀氛围（均采用总平均数中心化）对消极情绪斜率的作用效果，即消极情绪与各维度伦理氛围的跨层次交互效应，结果发现，规则氛围、自利氛围、关怀氛围可解释 25% 的消极情绪斜率方差，规则氛围、关怀氛围在不当督导通过消极情绪影响顾客导向反生产行为过程中的跨层次调节效果不显著，自利氛围在其作用机制中起负向调节作用（β = - 0.13，p < 0.05），这与我们的理论假设刚好相反，因此，假设4c、假设5c、假设6c未得到验证。

表5 - 15 模型 M22 揭示了，组织伦理氛围在不当督导通过消极情绪影响同事导向反生产行为过程的跨层次调节效应。为揭示组织伦理氛围的真实跨层次调节效应，本书采用上述建议，首先构建模型 M21 控制住消极情绪与各维度组织伦理的组间交互效果——在 Level 2 层次控制住消极情绪的组别平均数、各维度伦

理氛围、消极情绪的组别平均数×各维度伦理氛围，而 Level 1 层次的不当督导、消极情绪，Level 2 层次的人口统计学变量均采用总平均数中心化策略。结果发现，组织伦理氛围与消极情绪的组间交互作用不显著。M22 在 M21 的基础上，加入规则氛围、自利氛围、关怀氛围（均采用总平均数中心化）对消极情绪斜率的作用效果，即消极情绪与各维度伦理氛围的跨层次交互效应，结果发现，规则氛围、自利氛围、关怀氛围可解释 24% 的消极情绪斜率方差，规则氛围在不当督导通过消极情绪影响同事导向反生产行为过程中的跨层次调节效应不显著，自利氛围在其作用机制中起正向调节作用（$\beta = 0.08$，$p < 0.05$），关怀氛围在其作用机制中起负向调节作用（$\beta = -0.11$，$p < 0.1$），这与我们的理论假设刚好一致，因此，假设 4d 未得到验证，假设 5d、假设 6d 未得到验证。

表 5 - 15　组织伦理氛围的调节效应检验结果

	组织 CWB		领导 CWB		顾客 CWB		同事 CWB	
	M15	M16	M17	M18	M19	M20	M21	M22
Intercept	0.10***	2.46***	1.82***	1.85***	2.28*	5.27***	2.92**	2.42***
个体内变量								
AS	0.05	0.06	0.19***	0.21***	0.10	0.10	0.04	0.07
NE[a]	0.11*	0.71	0.10	0.16	0.09	1.18**	0.08	-0.06
控制变量								
Gender	-0.01	-0.01	0.03	0.04	0.34*	0.32*	-0.14	-0.13
Edu	-0.01	0.01	-0.04	-0.05	-0.15	-0.14	0.16*	0.16*
Age	-0.13	-0.13	-0.15**	-0.15**	-0.24***	-0.24***	0.02	0.01
Tenure	-0.04	-0.05	0.03	0.03	0.01	0.01	0.08	0.07
个体间变量								
RC	0.16	0.10	0.09	0.21	0.15	0.04	-0.38**	-0.22
IC	0.11	0.09	-0.03	0.08	-0.12	-0.47	-0.02	0.17
CC	0.04	-0.23	-0.08	-0.33	-0.23	-0.49	0.11	-0.13
NE[b]	0.70	0.25	0.45	0.45	0.43	-0.45	-0.20	-0.02
NE[b] × RC	-0.13**	-0.11	-0.08	-0.11*	-0.11**	-0.08	0.06	0.01
NE[b] × IC	0.03	0.03	0.01	-0.03	0.06	0.16	0.05	-0.01
NE[b] × CC	0.02	0.10	0.05	0.12	0.08	0.16	-0.01	0.07

续表

	组织 CWB		领导 CWB		顾客 CWB		同事 CWB	
	M15	M16	M17	M18	M19	M20	M21	M22
交互项								
$NE^a \times RC$		- 0.02		0.05		- 0.04		0.06
$NE^a \times IC$		- 0.01		0.05		- 0.13 **		0.08 **
$NE^a \times CC$		- 0.11 *		- 0.12 *		- 0.10		- 0.11 *
σ^2	0.31	0.31	0.29	0.29	0.26	0.26	0.37	0.36
τ_{00}	0.35 ***	0.35 ***	0.25 ***	0.24 ***	0.51 ***	0.48 ***	0.28 ***	0.28 ***
τ_{11}	0.03	0.03	0.03	0.03 *	0.11 ***	0.11 ***	0.02 *	0.03 **
τ_{22}	0.06 ***	0.06 ***	0.07 ***	0.06 ***	0.10 ***	0.07 ***	0.05 ***	0.04 ***
$R^2_{\beta2}$		0.07		0.16		0.25		0.24

注：* 表示 $p < 0.1$；** 表示 $p < 0.05$；*** 表示 $p < 0.01$。鉴于篇幅限制，本表中所有变量均采用英文字母缩写。Intercept 为截距，Gender 为性别，Edu 为教育程度，Age 为年龄，Tenure 为加入本组织年限，其他变量缩写同上文。NE^a 表示消极情绪的总平均数；NEb 表示消极情绪的组别平均数。

第五节　研究结果

本书主要研究不当督导对四种反生产行为的主效应，消极情绪在不当督导影响四反生产行为过程中的中介作用，三种伦理氛围在不当督导通过消极情绪影响四种反生产行为过程中的跨层次调节效应。结果证实，不当督导对组织导向、领导导向、顾客导向、同事导向反生产行为具有显著的正效应；消极情绪在不当督导影响组织导向、顾客导向、同事导向反生产行为过程中起完全中介作用，消极情绪在不当督导影响领导导向反生产行为过程中起部分中介作用，这与我们的理论假设相一致。关于组织伦理氛围的跨层次调节作用研究发现，自利氛围在消极情绪影响顾客导向反生产行为过程中起负向调节作用，这与我们理论假设相反。自利氛围在消极情绪影响同事导向反生产行为过程中起正向调节作用；关怀氛围在消极情绪影响组织导向、领导导向、同事导向反生产行为过程中起负向调节效应，均与我们的理论假设相一致。

表 5 - 16　结果汇总

假设内容	结果
H1：每日感知不当督导与每日组织导向（1a）、领导导向（1b）、顾客导向（1c）、同事导向反生产行为（1d）显著正相关	支持
H2：每日感知不当督导对每日反生产行为的影响强度依次为组织导向、领导导向、顾客导向、同事导向反生产行为	部分支持
H3：每日消极情绪在不当督导与组织导向（3a）、领导导向（3b）、顾客导向（3c）、同事导向反生产行为（3d）的个体内关系中起中介作用	支持
H4：规则氛围在消极情绪与组织导向（4a）、领导导向（4b）、顾客导向（4c）、同事导向反生产行为（4d）的个体内关系中起跨层调节作用	不支持
H5：自利氛围在消极情绪与组织导向（5a）、领导导向（5b）、顾客导向（5c）、同事导向反生产行为（5d）的个体内关系中起跨层调节作用	部分支持
H6：关怀氛围在消极情绪与组织导向（6a）、领导导向（6b）、顾客导向（6c）、同事导向反生产行为（6d）的个体内关系中起跨层调节作用	部分支持

第六章 结论与展望

第一节 结果讨论

一、主效应结果分析

本书主要探究不当督导对员工反生产行为的作用机制，自 Tepper（2000）提出不当督导构念，以不当督导为代表的负面领导行为受到国内外学者青睐，大量文献研究了不当督导对员工心理、态度、行为的破坏作用。部分学者致力于探究不当督导与员工负面行为间的关系，其中，不当督导与员工反生产行为关系备受关注，但现有研究仍存在一些不足之处：首先，以往研究中反生产行为主要界定为员工针对组织内部成员实施的反生产行为，忽视了员工针对组织外部利益相关者的反生产行为，在一定程度上制约了现有研究结论的普适性。其次，现有研究主要基于横截面数据研究不当督导与反生产行为的静态关系，忽视了不当督导、反生产行为随时间变化的动态特征。为此，本书通过对不同领域反生产行为研究文献的系统梳理，基于个体内研究设计，全面、系统地探究了不当督导对组织导向、领导导向、顾客导向、同事导向反生产行为的动态作用机制。

研究发现，不当督导对组织导向、领导导向、顾客导向、同事导向反生产行为具有显著的正效应。基于个体间设计的部分文献证实，不当督导对组织反生产行为、人际反生产行为具有显著的正效应，从测量题项来看，人际反生产行为主要指员工针对领导或同事实施的反生产行为。因此，本书结论与现有研究成果相一致。由于现有文献主要基于制造业情境研究不当督导与反生产行为的关系，因此，现有文献尚未涉及不当督导对顾客导向反生产行为的影响效果。关于顾客导向反生产行为的研究发现，组织公平是顾客导向反生产行为的重要预测因素，而不当督导作为一种典型的人际不公对待，成为破坏组织公平的重要因素，因此，我们的研究结论与现有研究成果相互印证。

不当督导对各种反生产行为均有较强的预测效果，但不当督导对不同反生产行为的影响强度存在差异。基于现有研究成果和理论分析，我们认为不当督导对组织导向反生产行为的影响最强，然后依次为领导导向、顾客导向、同事导向。实证研究发现，不当督导对领导导向反生产行为的影响程度最强，而后依次为顾客导向反生产行为、同事导向反生产行为，这与我们的理论假设相一致，但不当督导对组织导向反生产行为的影响效果最弱，这与我们的假设刚好相反。可能的原因是：服务行业工作方式、工作环境具有特殊性，一方面，服务业员工在工作过程中直接面对顾客，并接受顾客监督，在实际工作中，员工随时属于待命状态，确保客人随叫随到，客观上抑制了某些组织导向反生产行为；另一方面，服务行业工作环境具有开放性和监督性，调查中发现，餐厅经理基本采用现场管理方式，且餐饮行业作为公共场所具备较完善的监控系统，如摄像头，增加了实施组织反生产行为的风险性。而较之其他形式反生产行为，组织导向反生产行为更具有客观性和可见性，如未经允许将组织东西据为己有、延长休息时间等行为，因此，在不当督导情境下，员工实施组织导向反生产行为的倾向最弱。

二、中介效应结果分析

现有研究多从认知视角探究不当督导影响反生产行为的中介作用路径，如组织公平、组织支持感、报复认知、心理契约、领导成员交换等中介变量，忽视了情绪在不当督导与反生产行为关系间的作用效果。本书基于情感事件理论，主要从情绪视角探究不当督导通过情绪影响反生产行为的动态作用机制。研究发现，不当督导对组织导向、领导导向、顾客导向、同事导向反生产行为具有显著的正效应；不当督导对消极情绪具有显著的正效应，符合继续进行中介效应检验的前提条件。进一步研究发现，控制住不当督导后，消极情绪对组织导向、顾客导向、同事导向反生产行为具有显著的正效应，而因变量不当督导对组织导向、顾客导向、同事导向反生产行为的影响系数由显著变为不显著，即消极情绪在不当督导影响组织导向、顾客导向、同事导向反生产行为过程中起完全中介作用。同样，控制住不当督导后，消极情绪对领导导向具有显著的正效应，因变量不当督导对领导导向反生产行为的影响系数依然显著，且不当督导对领导导向反生产行为影响系数的显著性水平保持不变，因此，本书通过 Soble 检验进一步分析中介作用的显著性，结果证实，消极情绪在不当督导与领导导向反生产行为间的部分中介作用成立。综上所述，消极情绪在不当督导影响组织导向、领导导向、顾客导向、同事导向反生产行为过程中起中介作用，这与我们的理论假设相一致。

现有文献尚未从情绪视角探究不当督导影响多焦点反生产行为的动态作用机制，但基于东西方文化情境下的研究均证实，在个体间层次，消极情绪在不当督导与反生产行为的静态关系中起中介作用。本书基于个体内设计，证实了消极情绪在不当督导与反生产行为动态关系中的中介作用，补充并论证了情绪在不当督导影响反生产行为过程中的重要作用。

三、调节效应结果分析

组织伦理氛围作为组织文化的一种具体形式，是有效约束员工行为的非正式机制，而个体具有理性的一面，其行为不仅受自身情绪影响，也受外部情境因素制约，因此，我们认为组织伦理氛围是消极情绪影响反生产行为的重要边界条件，具体而言，规则氛围、自利氛围、关怀氛围在消极情绪影响组织导向、领导导向、顾客导向、同事导向反生产行为过程中起调节作用。研究发现，组织规则氛围在消极情绪影响组织导向、领导导向、顾客导向、同事导向反生产行为过程中均不存在显著的调节效应，这与我们的理论假设不符。可能的原因是：规则氛围是一种刚性管理手段，缺乏对员工利益的关注，在一定程度上增强了员工实施反生产行为的成本，但不能削弱员工发泄负面情绪的内在动机，而反生产行为具有较强的目的性和隐蔽性，其实施过程通常较为小心谨慎，一般不易被外人察觉。因此，规则氛围并不会影响员工在消极情绪下的反生产行为实施程度，但可能会影响员工实施反生产行为的谨慎态度。此外，组织规则氛围作为一项非正式约束机制，缺乏直接惩罚反生产行为的正式权力；作为一种外部控制机制，缺乏激发员工自我约束的柔性力量。研究表明，组织规则氛围无法有效抑制员工消极情绪对各种反生产行为的影响效果。

研究发现，消极情绪与同事导向反生产行为间关系受自利氛围正向调节，这与我们的理论假设相一致。自利氛围在消极情绪影响组织导向、领导导向反生产行为过程中的调节效应不显著，这与我们的理论假设不符。可能的解释是：组织、领导对不当督导负有直接责任，根据报复理论和社会交换理论的"一报还一报"原则，被不当督导员工会直接实施伤害组织及领导的反生产行为。员工实施组织导向、领导导向反生产行为有利于重获控制感和平衡感，维护自身合法利益，因此，不管高组织自利氛围还是低组织自利氛围，员工都将实施反生产行为报复组织、领导，从而平衡自身不公平遭遇。自利氛围在消极情绪影响顾客导向反生产行为过程中起负向调节作用，这与我们的理论假设刚好相反。可能的原因是：随着社会经济高速发展，消费者保障制度越来越完善，而服务业员工的薪酬体系大多与服务绩效、消费者满意度挂钩，使消费者对员工行为、态度具有较强的约束力量，随着投诉体系的完善，员工薪酬福利与消费者投诉行为息息相关。

因此，顾客导向反生产行为不仅直接损害消费者利益，也直接损害员工经济利益，所以，组织自利氛围越强，员工维护自我利益的意识越强，员工实施损人不利己行为——顾客导向反生产行为的倾向越低，即自利氛围负向调节消极情绪与顾客导向反生产行为关系。

关怀氛围在不当督导影响组织导向、领导导向、同事导向反生产行为过程中均起负向调节作用，这与我们的理论假设相符。但关怀氛围在消极情绪与顾客导向反生产行为间不存在显著性的调节作用，这与我们的理论假设不符。可能的解释是：不同于规则氛围，自利氛围具有较强的认知导向，其影响范围具有较强的辐射面，关怀氛围的情感导向较强，情感具有目标导向性，影响主体具有针对性。建立情感需要共同付出，长期互动，但员工与顾客之间关系的稳定性较差，顾客与员工之间关系具有不平等性，一般不会给予员工情感呵护，因此，顾客作为组织外部利益相关者，对组织关怀氛围的贡献性较小，根据情感的相互依赖性，顾客从关怀氛围中受益程度较弱，所以，消极情绪对顾客导向反生产行为的作用效果不受关怀氛围影响。

第二节　理论贡献

第一，完善了反生产行为影响因素研究。本书将反生产行为细分为组织导向、领导导向、顾客导向、同事导向，系统探究不当督导对多种反生产行为的影响效果，结果发现，不当督导对四种反生产行为均有显著的预测作用，且不当督导对反生产行为的影响程度视目标对象而变，其中，不当督导对领导导向反生产行为的影响效果最强，然后依次为同事导向、顾客导向和组织导向。组织行为领域现有研究主要探讨组织、人际反生产行为的影响因素，鲜有研究从组织视角探究顾客导向反生产行为的触发机制；市场营销领域的研究认为顾客导向反生产行为主要受消费者行为、态度等组织外部因素的影响。本书从领导视角（不当督导）系统探究反生产行为的组织内部可控因素，在一定程度上完善了反生产行为预测因素的研究成果。

第二，拓展了不当督导影响领域。根据溢出效应理论，个体在一个角色中的经历会影响其在其他角色中的行为表现，但现有文献主要探讨了不当督导对被不当督导员工自身的影响效果，极少有研究探讨了不当督导对被不当督导员工家人的溢出效应，鲜有研究关注不当督导对顾客可能造成的溢出效应。本书从组织、领导、同事、顾客等多个视角探究了不当督导的溢出效应，结果发现，不当督导不仅对组织及其内部成员存在消极溢出效应，对组织外部利益相关者——顾客也具有显著的影响效果。本书不仅系统探讨了不当督导对组内（组织、领导、同事）主体的影响效果，还探讨了不当督导对组织外部重要利益相关者——顾客的溢出效果，将不当督导的影响领域由组织内部拓展到组织外部。

第三，深入揭示了不当督导对反生产行为的动态作用机制。以往研究主要基于个体间设计研究不当督导与反生产行为间的静态关系，忽视了不当督导、反生产行为随时间动态变化特征。本书通过对连续一周动态追踪数据的分析发现，个体内因素可以解释不当督导、反生产行为30%的变异量，论证了它们随时间变化的动态性，以及引入时间因素研究它们间关系的必要性。同时，本书还基于情感事件理论，引入情绪反应动态变量，从情感视角探究了不当督导影响反生产行为的动态作用机制，进一步深化了我们对不当督导与反生产行为动态关系的认知，并揭示不当督导影响反生产行为的动态路径。

第四，界定了不当督导影响反生产行为的边界条件。根据控制理论，本书从组织伦理氛围视角探究了不当督导通过消极情绪影响反生产行为的边界条件。研究发现，规则氛围在消极情绪与四种反生产行为中的调节作用均不显著；自利氛围负向调节消极情绪与顾客导向反生产关系，正向调节消极情绪与同事导向反生产关系；关怀氛围在消极情绪与组织、领导、同事导向反生产行为关系中起负向调节作用。结果表明，不同反生产行为具有不同的边界条件，即使同一种伦理氛围对反生产行为的调节方向也不一致。研究结果不仅界定了不同反生产行为的边界条件，为管理者采取有效应对措施奠定了理论基础，也论证了在研究中细分组织伦理氛围与反生产行为的必要性和意义。

第三节　管理启示

第一，本书证实不当督导对多种反生产行为均有显著的预测作用。因此，在管理实践中，领导应严格约束自身行为，以身作则，公平对待员工，加强与员工沟通交流，及时了解员工需求，关心、尊重员工，有效避免员工为报复组织、领导而实施各种反生产行为。此外，被不当督导员工不仅直接报复领导和组织，还可能向无辜同事发泄不满情绪，影响组织人际关系。一方面，要求组织注重对管理者的选拔、培训，从源头上减少组织中不当督导现象；另一方面，组织应注重员工帮助计划，及时发现、解决员工心理、行为问题，完善组织沟通体系，加强组织成员之间互动，营造和谐的组织氛围。不当督导不仅影响组织及其内部成员，还影响组织利益相关者——顾客导向反生产行为。以往理论研究一直强调顾客因素对顾客导向反生产行为的预测效果，忽视领导因素的作用效果，本书说明，面对员工实施顾客导向反生产行为，管理者不仅要加强对员工的监督、培训，也要反思自身管理行为，全方位、多视角地寻找员工实施反生产行为的内在动机。总之，对待员工反生产行为，管理者不能简单地归因为员工本性，反生产行为传达出员工对组织、领导的不满情绪，可能揭示现有管理方式存在的问题。因此，组织应重视员工反生产行为，从员工、领导、组织等多视角深入剖析员工实施反生产行为的内在原因，有针对性地改善管理措施。

第二，本书从情绪视角探究不当督导影响员工反生产行为的动态作用机制，结果发现，消极情绪在不当督导影响组织导向、顾客导向、同事导向反生产行为过程中起完全中介作用，在不当督导影响领导导向反生产行为过程中起部分中介作用。研究表明，领导行为对员工情绪具有显著的影响效果，而员工情绪直接影响其行为表现，因此，管理者在管理实践中，特别是管理情绪劳动者要密切关注员工的情感状态，及时化解员工消极情绪，避免员工因消极情绪而实施伤害组织及其利益相关者的行为。一方面，领导行为直接影响员工情绪，这要求领导在管理实践中注重自身言行，充分尊重员工，关注员工心态、情感需求，避免在工作时间造成员工情绪大幅波动。另一方面，服务行业还应加强对管理者和员工的情绪管理培训，提高员工情绪管控能力，引导员工通过合理途径宣泄负面情绪，抑制消极情绪对员工工作状态、行为表现的负面影响。

第三，本书基于组织伦理氛围视角探究消极情绪影响反生产行为的边界条件。研究发现，组织规则氛围并不能抑制消极情绪对四种反生产行为的影响程度；自利氛围加强了消极情绪与同事导向反生产行为正向关系；关怀氛围能有效削弱消极情绪对组织导向、领导导向、同事导向反生产行为的影响效果。这说明组织可以通过营造组织伦理氛围调控员工反生产行为，但研究表明规则氛围并不能削弱员工反生产行为，而自利氛围还可能增加同事导向反生产行为，但关怀氛围能有效削弱多数反生产行为。因此，在管理实践中，管理者在严格遵守组织规章制度的同时，应加强以人为中心的柔性管理，管理者要注重对员工的情感关怀，使组织制度内化为员工自我要求，在组织中形成互帮互助、互相关心、团结一致的和谐氛围，使上下级之间、同事之间建立深厚的职场友谊，从而达到在遵守组织制度的基础上，以柔克刚，强化组织关怀氛围，弱化组织规则氛围和自利氛围，激发员工内在驱动力，充分调动员工的积极性和主动性，逐步形成员工自我约束、自我管理能力。

第四节　研究不足与研究展望

第一，本书中个体内层次变量不当督导、消极情绪、四种反生产行为均由员工自我报告，根据以往研究发现，上述构念采用自我评价方式更可靠，但这可能导致数据存在同源方差问题。虽然通过验证性因子检验发现数据不存在严重的同源方差，不会影响研究结论的可靠性，但为了尽可能避免同源方差，未来研究应尝试从多个来源收集数据。此外，本书采用日记追踪法收集数据，即对同一个被调查者进行多日追踪调查，由于所有数据均采用现场发放问卷形式，鉴于现实困难，本书对每个被调查者只追踪一次，学者以后可尝试对被调查者每日进行多次调研的日记追踪法，如中午调查不当督导、消极情绪，下午调查反生产行为，以便更好地验证其因果关系。

第二，日记追踪法调研，要求被调查者连续多日填写同样问卷，为降低员工厌倦感，确保问卷质量，必须限定问卷测量题项，根据现有研究一贯做法，每个条目的测量题项限定在3～5为宜。由于本书采用每天调研方式，调研间隔时间较短，因此，本书中主要选取每日发生频率较高的题项，可能会忽视一些频率较低，但危害程度较大的反生产行为条目，这在一定程度上限制了研究结论的价值。因此，未来研究可尝试延长调研时间的间隔性，如每周调查一次，连续调查数周，通过延长时间间隔削弱被调查者对问卷内容的记忆程度，一方面可以缓解被调查者连续填写同样问卷产生的倦怠情绪；另一方面，也可以适当增加一些发生频率相对较低的测量题项，进一步丰富不当督导与反生产行为的动态关系研究成果。

第三，以往研究主要基于生产制造型企业样本研究不当督导对组织内部主体的直接、间接影响，而忽视了不当督导对组织利益相关者的间接影响效果，如服务业不当督导对顾客造成的溢出效应。为此，本书以服务型企业为调查对象，系统研究不当督导对组织、领导、顾客、同事等多个组织利益相关者的影响效果。根据我国2003年印发的《三次产业划分规定》即《国民经济行业分类》，我国服务业包括：住宿和餐饮业、房地产业、金融业等15个种类，但鉴于调研活动的可实现性和方便性，本书主要以餐饮业为被调查对象，且被调查企业的地域范围主要局限于江苏省内餐饮企业，这在一定程度上限制了研究结论的普适性。餐饮业从业人员具有文化素质偏低、收入偏低、工作时间长、从业人员年龄小等特征，与其他服务行业从业人员特征具有较大差异性，如金融行业、教育行业，因此，基于餐饮业组织的研究结论是否适用于其他服务性行业还有待学者的进一步论证，未来研究可基于不同地区、不同形式服务业样本进一步验证本书结论的可靠性。

参考文献

［1］Ahmad A. , Omar Z. Abusive supervision and deviant workplace behavior: The mediating role of work – family conflict ［J］. The Journal of Human Resource and Adult Learning, 2013, 9 (2): 124.

［2］Ambrose M. L. , Seabright M. A. , Schminke M. Sabotage in the workplace: The role of organizational injustice ［J］. Organizational Behavior and Human Decision Processes, 2002, 89 (1): 947 – 965.

［3］Anjum M. A. , Parvez A. Counterproductive behavior at work: A comparison of blue collar and white collar workers ［J］. Pakistan Journal of Commerce and Social Sciences, 2013, 7 (3): 417 – 434.

［4］Appelbaum S. H. , Deguire K. J. , Lay M. The relationship of ethical climate to deviant workplace behaviour ［J］. Corporate Governance: The International Journal of Business in Society, 2005, 5 (4): 43 – 55.

［5］Aquino K. , Bradfield M. Perceived victimization in the workplace: The role of situational factors and victim characteristics ［J］. Organization Science, 2000, 11 (5): 525 – 537.

［6］Aquino K. , Douglas S. Identity threat and antisocial behavior in organizations: The moderating effects of individual differences, aggressive modeling, and hierarchical status ［J］. Organizational Behavior and Human Decision Processes, 2003, 90 (1): 195 – 208.

［7］Aquino K. , Tripp T. M. , Bies R. J. How employees respond to personal offense: The effects of blame attribution, victim status, and offender status on revenge and reconciliation in the workplace ［J］. Journal of Applied Psychology, 2001, 86 (1): 52 – 59.

［8］Aryee S. , Chen Z. X. , Sun L. – Y. , Debrah Y. A. Antecedents and outcomes of abusive supervision: Test of a trickle – down model ［J］. Journal of Applied

Psychology, 2007, 92 (1): 191 –201.

[9] Aryee S. , Sun L. – Y. , Chen Z. X. G. , Debrah Y. A. Abusive supervision and contextual performance: The mediating role of emotional exhaustion and the moderating role of work unit structure [J] . Management and Organization Review, 2008, 4 (3): 393 –411.

[10] Ashforth B. E. Petty tyranny in organizations: A preliminary examination of antecedents and consequences [J] . Canadian Journal of Administrative Sciences, 1997, 14 (2): 126 –140.

[11] Ashkanasy N. M. , Daus C. S. Emotion in the workplace: The new challenge for managers [J] . The Academy of Management Executive, 2002, 16 (1): 76 –86.

[12] Aubé C. , Rousseau V. , Mama C. , Morin E. Counterproductive behaviors and psychological well – being: The moderating effect of task interdependence [J] . Journal of Business and Psychology, 2009, 24 (3): 351 –361.

[13] Avey J. B. , Palanski M. E. , Walumbwa F. O. When leadership goes unnoticed: The moderating role of follower self – esteem on the relationship between ethical leadership and follower behavior [J] . Journal of Business Ethics, 2011, 98 (4): 573 –582.

[14] Avey J. B. , Wernsing T. S. , Luthans F. Can positive employees help positive organizational change? Impact of psychological capital and emotions on relevant attitudes and behaviors [J] . The Journal of Applied Behavioral Science, 2008, 44 (1): 48 –70.

[15] Avey J. B. , Wu K. , Holley E. The influence of abusive supervision and job embeddedness on citizenship and deviance [J] . Journal of Business Ethics, 2014, 129 (3): 721 –731.

[16] Baker J. P. , Berenbaum H. Emotional approach and problem – focused coping: A comparison of potentially adaptive strategies [J] . Cognition and Emotion, 2007, 21 (1): 95 –118.

[17] Bandura A. Self – referent mechanisms in social learning theory [J] . American Psychologist, 1979, 34 (5): 439 –441.

[18] Bandura A. , McClelland D. C. Social learning theory [M] . Englewood Cliffs: Prentice – Hall, 1977.

[19] Banks G. C. , Whelpley C. E. , Oh I. – S. , Shin K. (how) are emotionally exhausted employees harmful? [J] . International Journal of Stress Manage-

ment, 2012, 19 (3): 198 -216.

[20] Barclay L. J. , Skarlicki D. P. , Pugh S. D. Exploring the role of emotions in injustice perceptions and retaliation [J] . Journal of Applied Psychology, 2005, 90 (4): 629 -643.

[21] Baron R. A. Magnitude of victim's pain cues and level of prior anger arousal as determinants of adult aggressive behavior [J] . Journal of Personality and Social Psychology, 1971, 17 (3): 236 -243.

[22] Baron R. M. , Kenny D. A. The moderator - mediator variable distinction in social psychological research: Conceptual, strategic, and statistical considerations [J] . Journal of Personality and Social Psychology, 1986, 51 (6): 1173.

[23] Bashir S. , Nasir M. , Qayyum S. , Bashir A. Dimensionality of counterproductive work behaviors in public sector organizations of pakistan [J] . Public Organization Review, 2012, 12 (4): 357 -366.

[24] Bauer D. J. , Preacher K. J. , Gil K. M. Conceptualizing and testing random indirect effects and moderated mediation in multilevel models: New procedures and recommendations [J] . Psychological Methods, 2006, 11 (2): 142.

[25] Bauer J. A. , Spector P. E. Discrete negative emotions and counterproductive work behavior [J] . Human Performance, 2015, 28 (4): 307 -331.

[26] Baumeister R. F. , Stillwell A. M. , Heatherton T. F. Guilt: An interpersonal approach [J] . Psychological Bulletin, 1994, 115 (2): 243 -267.

[27] Belschak F. D. , Den Hartog D. N. Consequences of positive and negative feedback: The impact on emotions and extra - role behaviors [J] . Applied Psychology, 2009, 58 (2): 274 -303.

[28] Bennett R. J. , Robinson S. L. Development of a measure of workplace deviance [J] . Journal of Applied Psychology, 2000, 85 (3): 349 -360.

[29] Berry C. M. , Ones D. S. , Sáckett P. R. Interpersonal deviance, organizational deviance, and their common correlates: A review and meta - analysis [J] . Journal of Applied Psychology, 2007, 92 (2): 410 -424.

[30] Biron M. Negative reciprocity and the association between perceived organizational ethical values and organizational deviance [J] . Human Relations, 2010, 63 (6): 875 -897.

[31] Bolton L. R. , Becker L. K. , Barber L. K. Big five trait predictors of differential counterproductive work behavior dimensions [J] . Personality and Individual Differences, 2010, 49 (5): 537 -541.

［32］ Bono J. E. , Foldes H. J. , Vinson G. , Muros J. P. Workplace emotions: The role of supervision and leadership ［J］. Journal of Applied Psychology, 2007, 92 (5): 1357 – 1367.

［33］ Bowling N. A. , Michel J. S. Why do you treat me badly? The role of attributions regarding the cause of abuse in subordinates' responses to abusive supervision ［J］. Work & Stress, 2011, 25 (4): 309 – 320.

［34］ Bradfield M. , Aquino K. The effects of blame attributions and offender likableness on forgiveness and revenge in the workplace ［J］. Journal of Management, 1999, 25 (5): 607 – 631.

［35］ Brees J. , Mackey J. , Martinko M. , Harvey P. The mediating role of perceptions of abusive supervision in the relationship between personality and aggression ［J］. Journal of Leadership & Organizational Studies, 2014, 21 (4): 403 – 413.

［36］ Brief A. P. , Weiss H. M. Organizational behavior: Affect in the workplace ［J］. Annual Review of Psychology, 2002, 53 (1): 279 – 307.

［37］ Briggs E. , Jaramillo F. , Weeks W. A. The influences of ethical climate and organization identity comparisons on salespeople and their job performance ［J］. Journal of Personal Selling and Sales Management, 2012, 32 (4): 421 – 436.

［38］ Brockner J. Self – esteem at work: Research, theory, and practice ［M］. Lexington Books/DC Heath and Com, 1988.

［39］ Burton J. P. , Hoobler J. M. Aggressive reactions to abusive supervision: The role of interactional justice and narcissism ［J］. Scand J. Psychol, 2011, 52 (4): 389 – 398.

［40］ Burton J. P. , Hoobler J. M. Subordinate self – esteem and abusive supervision ［J］. Journal of Managerial Issues, 2006: 340 – 355.

［41］ Burton J. P. , Hoobler J. M. , Scheuer M. L. Supervisor workplace stress and abusive supervision: The buffering effect of exercise ［J］. Journal of Business and Psychology, 2012, 27 (3): 271 – 279.

［42］ Carlsmith K. M. , Darley J. M. , Robinson P. H. Why do we punish?: Deterrence and just deserts as motives for punishment ［J］. Journal of Personality and Social Psychology, 2002, 83 (2): 284 – 299.

［43］ Carlson D. , Ferguson M. , Hunter E. , Whitten D. Abusive supervision and work – family conflict: The path through emotional labor and burnout ［J］. The Leadership Quarterly, 2012, 23 (5): 849 – 859.

［44］ Carlson D. , Kacmar K. M. , Zivnuska S. , Ferguson M. , Whitten D.

Work – family enrichment and job performance: A constructive replication of affective events theory [J]. Journal of Occupational Health Psychology, 2011a, 16 (3): 297 – 312.

[45] Carlson D. S., Ferguson M., Perrewe P. L., Whitten D. The fallout from abusive supervision: An examination of subordinates and their partners [J]. Personnel Psychology, 2011b, 64 (4): 937 – 961.

[46] Carver C. S., Scheier M. F. Control theory: A useful conceptual framework for personality – social, clinical, and health psychology [J]. Psychological Bulletin, 1982, 92 (1): 111 – 135.

[47] Carver C. S., White T. L. Behavioral inhibition, behavioral activation, and affective responses to impending reward and punishment: The bis/bas scales [J]. Journal of Personality and Social Psychology, 1994, 67 (2): 319 – 333.

[48] Chang K., Kuo C. – C., Su M., Taylor J. Dis – identification in organizations and its role in the workplace [J]. Relations Industrielles/Industrial Relations, 2013, 68 (3): 479 – 506.

[49] Chang K., Smithikrai C. Counterproductive behaviour at work: An investigation into reduction strategies [J]. The International Journal of Human Resource Management, 2010, 21 (8): 1272 – 1288.

[50] Chawla V. The effect of workplace spirituality on salespeople's organisational deviant behaviours: Research propositions and practical implication [J]. Journal of Business & Industrial Marketing, 2014, 29 (3): 199 – 208.

[51] Chebat J. – C., Slusarczyk W. How emotions mediate the effects of perceived justice on loyalty in service recovery situations: An empirical study [J]. Journal of Business Research, 2005, 58 (5): 664 – 673.

[52] Chen C. – C., Chen M. Y. – C., Liu Y. – C. Negative affectivity and workplace deviance: The moderating role of ethical climate [J]. The International Journal of Human Resource Management, 2013, 24 (15): 2894 – 2910.

[53] Cheng C. M., Chartrand T. L. Self – monitoring without awareness: Using mimicry as a nonconscious affiliation strategy [J]. Journal of Personality and Social Psychology, 2003, 85 (6): 1170 – 1179.

[54] Chi N. – W., Tsai W. – C., Tseng S. – M. Customer negative events and employee service sabotage: The roles of employee hostility, personality and group affective tone [J]. Work & Stress, 2013, 27 (3): 298 – 319.

[55] Chiu S. F., Yeh S. P., Huang T. C. Role stressors and employee devi-

ance: The moderating effect of social support [J]. Personnel Review, 2015, 44 (2): 308 – 324.

[56] Chu L. C. Mediating toxic emotions in the workplace—the impact of abusive supervision [J]. Journal of Nursing Management, 2014, 22 (8): 953 – 963.

[57] Coffin B. Breaking the silence on white collar crime [J]. Risk Management, 2003, 50 (8): 6 – 9.

[58] Colbert A. E., Mount M. K., Harter J. K., Witt L. A., Barrick M. R. Interactive effects of personality and perceptions of the work situation on workplace deviance [J]. Journal of Applied Psychology, 2004, 89 (4): 599 – 609.

[59] Cortina L. M., Magley V. J., Williams J. H., Langhout R. D. Incivility in the workplace: Incidence and impact [J]. Journal of Occupational Health Psychology, 2001, 6 (1): 64 – 80.

[60] Cropanzano R. Social exchange theory: An interdisciplinary review [J]. Journal of Management, 2005, 31 (6): 874 – 900.

[61] Cropanzano R., Mitchell M. S. Social exchange theory: An interdisciplinary review [J]. Journal of Management, 2005, 31 (6): 874 – 900.

[62] Cropanzano R., Rupp D. E., Byrne Z. S. The relationship of emotional exhaustion to work attitudes, job performance, and organizational citizenship behaviors [J]. Journal of Applied Psychology, 2003, 88 (1): 160 – 169.

[63] Culbreth J. R., Cooper J. B. Factors impacting the development of substance abuse counseling supervisors [J]. Journal of Addictions & Offender Counseling, 2008, 29 (1): 22 – 35.

[64] Cullen J. B., Victor B., Bronson J. W. The ethical climate questionnaire: An assessment of its development and validity [J]. Psychological Reports, 1993, 73 (2): 667 – 674.

[65] Darrat M., Amyx D., Bennett R. An investigation into the effects of work – family conflict and job satisfaction on salesperson deviance [J]. Journal of Personal Selling & Sales Management, 2010, 30 (3): 239 – 251.

[66] Dasborough M. T. Cognitive asymmetry in employee emotional reactions to leadership behaviors [J]. The Leadership Quarterly, 2006, 17 (2): 163 – 178.

[67] Dasborough M. T., Ashkanasy N. M. Emotion and attribution of intentionality in leader – member relationships [J]. The Leadership Quarterly, 2002, 13 (5): 615 – 634.

[68] Day A. L., Carroll S. A. Using an ability – based measure of emotional in-

telligence to predict individual performance, group performance, and group citizenship behaviours [J] . Personality and Individual Differences, 2004, 36 (6): 1443 – 1458.

[69] Demerouti E. , Bakker A. B. , Nachreiner F. , Schaufeli W. B. The job demands – resources model of burnout [J] . Journal of Applied Psychology, 2001, 86 (3): 499 – 512.

[70] Detert J. R. , Treviño L. K. , Sweitzer V. L. Moral disengagement in ethical decision making: A study of antecedents and outcomes [J] . Journal of Applied Psychology, 2008, 93 (2): 374 – 391.

[71] Dickson M. W. , Smith D. B. , Grojean M. W. , Ehrhart M. An organizational climate regarding ethics: The outcome of leader values and the practices that reflect them [J] . The Leadership Quarterly, 2001, 12 (2): 197 – 217.

[72] Diefendorff J. M. , Gosserand R. H. Understanding the emotional labor process: A control theory perspective [J] . Journal of Organizational Behavior, 2003, 24 (8): 945 – 959.

[73] Diefendorff J. M. , Mehta K. The relations of motivational traits with workplace deviance [J] . Journal of Applied Psychology, 2007, 92 (4): 967 – 977.

[74] Dollard J. , Miller N. E. , Doob L. W. , Mowrer O. H. , Sears R. R. Frustration and aggression [M] . Yale University Press, 1939.

[75] Douglas S. C. , Martinko M. J. Exploring the role of individual differences in the prediction of workplace aggression [J] . Journal of Applied Psychology, 2001, 86 (4): 547 – 559.

[76] Duan J. , Lam W. , Chen Z. , Zhong J. A. Leadership justice, negative organizational behaviors, and the mediating effect of affective commitment [J] . Social Behavior and Personality: An International Journal, 2010, 38 (9): 1287 – 1296.

[77] Duffy M. K. , Ganster D. C. , Pagon M. Social undermining in the workplace [J] . Academy of Management Journal, 2002, 45 (2): 331 – 351.

[78] Einarsen S. , Aasland M. S. , Skogstad A. Destructive leadership behaviour: A definition and conceptual model [J] . The Leadership Quarterly, 2007, 18 (3): 207 – 216.

[79] Einarsen S. , Raknes B. I. Harassment in the workplace and the victimization of men [J] . Violence and Victims, 1997, 12 (3): 247 – 263.

[80] Eisenberg N. , Fabes R. A. Empathy: Conceptualization, measurement, and relation to prosocial behavior [J] . Motivation and Emotion, 1990, 14 (2):

131 – 149.

[81] Ekman P. An argument for basic emotions [J] . Cognition & Emotion, 1992, 6 (3 – 4): 169 – 200.

[82] Elliot A. J. , Thrash T. M. Approach – avoidance motivation in personali- ty: Approach and avoidance temperaments and goals [J] . Journal of Personality and Social Psychology, 2002, 82 (5): 804 – 818.

[83] Enders C. K. , Tofighi D. Centering predictor variables in cross – sectional multilevel models: A new look at an old issue [J] . Psychological Methods, 2007, 12 (2): 121.

[84] Farh C. I. , Chen Z. Beyond the individual victim: Multilevel conse- quences of abusive supervision in teams [J] . Journal of Applied Psychology, 2014, 99 (6): 1074 – 1095.

[85] Ferris D. L. , Spence J. R. , Brown D. J. , Heller D. Interpersonal injus- tice and workplace deviance the role of esteem threat [J] . Journal of Management, 2012, 38 (6): 1788 – 1811.

[86] Fida R. , Paciello M. , Tramontano C. , Fontaine R. G. , Barbaranelli C. , Farnese M. L. An integrative approach to understanding counterproductive work behavior: The roles of stressors, negative emotions, and moral disengagement [J] . Journal of Business Ethics, 2014, 130 (1): 131 – 144.

[87] Fisher C. D. Mood and emotions while working – missing pieces of job satis- faction [J] . Journal of Organizational Behavior, 2000 (21): 185 – 202.

[88] Fisher C. D. , To M. L. Using experience sampling methodology in organi- zational behavior [J] . Journal of Organizational Behavior, 2012, 33 (7): 865 – 877.

[89] Fitness J. Anger in the workplace: An emotion script approach to anger epi- sodes between workers and their superiors, co – workers and subordinates [J] . Jour- nal of Organizational Behavior, 2000 (21): 147.

[90] Fornell C. , Larcker D. F. Evaluating structural equation models with un- observable variables and measurement error [J] . Journal of Marketing Research, 1981: 39 – 50.

[91] Fortunato V. J. , Goldblatt A. M. Construct validation of a revised strain – free negative affectivity scale [J] . Educational and Psychological Measurement, 2002, 62 (1): 45 – 63.

[92] Fox S. , Spector P. E. Counterproductive work behavior: Investigations of

actors and targets [M]. American Psychological Association, 2005.

[93] Fox S., Spector P. E. A model of work frustration – aggression [J]. Journal of Organizational Behavior, 1999, 20 (6): 915 –931.

[94] Fox S., Spector P. E., Miles D. Counterproductive work behavior (cwb) in response to job stressors and organizational justice: Some mediator and moderator tests for autonomy and emotions [J]. Journal of Vocational Behavior, 2001, 59 (3): 291 –309.

[95] Francis B. A., Wonham W. M. The internal model principle of control theory [J]. Automatica, 1976, 12 (5): 457 –465.

[96] Frijda N. H. Moods, emotion episodes, and emotions [M]. In: Lewis M., Haviland J. M., editors. Handbook of emotions, Guilford Press, 1993.

[97] Gabler C. B., Nagy K. R., Hill R. P. Causes and consequences of abusive supervision in sales management: A tale of two perspectives [J]. Psychology & Marketing, 2014, 31 (4): 278 –293.

[98] Game A. M. Negative emotions in supervisory relationships: The role of relational models [J]. Human Relations, 2008, 61 (3): 355 –393.

[99] Garcia P. R. J. M., Restubog S. L. D., Kiewitz C., Scott K. L., Tang R. L. Roots run deep: Investigating psychological mechanisms between history of family aggression and abusive supervision [J]. Journal of Applied Psychology, 2014, 99 (5): 883 –897.

[100] George J. M. Emotions and leadership: The role of emotional intelligence [J]. Human Relations, 2000, 53 (8): 1027 –1055.

[101] Glasø L., Einarsen S. Experienced affects in leader – subordinate relationships [J]. Scandinavian Journal of Management, 2006, 22 (1): 49 –73.

[102] Glasø L., Vie T. L., Holmdal G. R., Einarsen S. An application of affective events theory to workplace bullying [J]. European Psychologist, 2011, 16 (3): 198 –208.

[103] Gouldner A. W. The norm of reciprocity: A preliminary statement [J]. American Sociological Review, 1960: 161 –178.

[104] Grandey A. A., Tam A. P., Brauburger A. L. Affective states and traits in the workplace: Diary and survey data from young workers [J]. Motivation and Emotion, 2002, 26 (1): 31 –55.

[105] Grech M. R., Neal A., Yeo G., Humphreys M., Smith S. An examination of the relationship between workload and fatigue within and across consecutive

days of work: Is the relationship static or dynamic? [J]. Journal of Occupational Health Psychology, 2009, 14 (3): 231 – 242.

[106] Green A. S., Rafaeli E., Bolger N., Shrout P. E., Reis H. T. Paper or plastic? Data equivalence in paper and electronic diaries [J]. Psychological Methods, 2006, 11 (1): 87 – 105.

[107] Greenwald A. G., Poehlman T. A., Uhlmann E. L., Banaji M. R. Supplemental material for understanding and using the implicit association test: Iii. Meta – analysis of predictive validity [J]. Journal of Personality and Social Psychology, 2009, 97 (1): 17 – 41.

[108] Gregory B. T., Osmonbekov T., Gregory S. T., Albritton M. D., Carr J. C. Abusive supervision and citizenship behaviors: Exploring boundary conditions [J]. Journal of Managerial Psychology, 2013, 28 (6): 628 – 644.

[109] Gruys M. L., Sackett P. R. Investigating the dimensionality of counterproductive work behavior [J]. International Journal of Selection and Assessment, 2003, 11 (1): 30 – 42.

[110] Harland L. K. Brutal bosses and their prey [J]. Personnel Psychology, 1996, 49 (3): 730 – 732.

[111] Harris K. J., Harvey P., Harris R. B., Cast M. An investigation of abusive supervision, vicarious abusive supervision, and their joint impacts [J]. Journal of Social Psychology, 2013a, 153 (1): 38 – 50.

[112] Harris K. J., Kacmar K. M., Zivnuska S. An investigation of abusive supervision as a predictor of performance and the meaning of work as a moderator of the relationship [J]. The Leadership Quarterly, 2007, 18 (3): 252 – 263.

[113] Harris K. J., Marett K., Harris R. B. An investigation of the impact of abusive supervision on technology end – users [J]. Computers in Human Behavior, 2013b, 29 (6): 2480 – 2489.

[114] Harris L. C. Service sabotage: A study of antecedents and consequences [J]. Journal of the Academy of Marketing Science, 2006, 34 (4): 543 – 558.

[115] Harris L. C., Ogbonna E. Exploring service sabotage the antecedents, types and consequences of frontline, deviant, antiservice behaviors [J]. Journal of Service Research, 2002, 4 (3): 163 – 183.

[116] Heggestad E. D., Kanfer R. Individual differences in trait motivation: Development of the motivational trait questionnaire [J]. International Journal of Educational Research, 2000, 33 (7): 751 – 776.

［117］Henle C. A. , Gross M. A. What have i done to deserve this? Effects of employee personality and emotion on abusive supervision ［J］. Journal of Business Ethics, 2014, 122 (3): 461 – 474.

［118］Hershcovis M. S. , Barling J. Towards a multi – foci approach to workplace aggression: A meta – analytic review of outcomes from different perpetrators ［J］. Journal of Organizational Behavior, 2010, 31 (1): 24 – 44.

［119］Hershcovis M. S. , Turner N. , Barling J. , Arnold K. A. , Dupre K. E. , Inness M. , et al. Predicting workplace aggression: A meta – analysis ［J］. Journal of Applied Psychology, 2007, 92 (1): 228 – 238.

［120］Hmieleski K. M. , Ensley M. D. The effects of entrepreneur abusive supervision ［J］. Academy of Management Proceedings Academy of Management, 2007 (2): 1 – 6.

［121］Ho V. T. , Gupta N. Retaliating against customer interpersonal injustice in a singaporean context: Moderating roles of self – efficacy and social support ［J］. Applied Psychology, 2014, 63 (3): 383 – 410.

［122］Hobfoll S. E. Conservation of resources: A new attempt at conceptualizing stress ［J］. American Psychologist, 1989, 44 (3): 513 – 524.

［123］Hobfoll S. E. The influence of culture, community, and the nested – self in the stress process: Advancing conservation of resources theory ［J］. Applied Psychology, 2001, 50 (3): 337 – 421.

［124］Hobman E. V. , Restubog S. L. D. , Bordia P. , Tang R. L. Abusive supervision in advising relationships: Investigating the role of social support ［J］. Applied Psychology, 2009, 58 (2): 233 – 256.

［125］Hoel H. , Cooper C. L. Origins of bullying: Theoretical frameworks for explaining workplace bullying ［M］. In: Tehrani N. , (Eds.). Building a culture of respect: Managing bullying at work, Taylor & Francis, 2001.

［126］Hofmann D. A. , Gavin M. B. Centering decisions in hierarchical linear models: Implications for research in organizations ［J］. Journal of Management, 1998, 24 (5): 623 – 641.

［127］Holtz B. C. , Harold C. M. Interpersonal justice and deviance: The moderating effects of interpersonal justice values and justice orientation ［J］. Journal of Management, 2013, 39 (2): 339 – 365.

［128］Hoobler J. M. , Brass D. J. Abusive supervision and family undermining as displaced aggression ［J］. Journal of Applied Psychology, 2006, 91 (5): 1125 –

1133.

[129] Hu C., Wu T. Y., Wang Y. H. Measurement equivalence/invariance of the abusive supervision measure across workers from taiwan and the united states [J]. Journal of Psychology, 2011, 145 (2): 111 - 131.

[130] Hui C. H., Chiu W. C. K., Yu P. L. H., Cheng K., Tse H. H. M. The effects of service climate and the effective leadership behaviour of supervisors on frontline employee service quality: A multi - level analysis [J]. Journal of Occupational and Organizational Psychology, 2007, 80 (1): 151 - 172.

[131] Humphrey R. H. The many faces of emotional leadership [J]. The Leadership Quarterly, 2002, 13 (5): 493 - 504.

[132] Hunter E. M., Penney L. M. The waiter spit in my soup! Antecedents of customer - directed counterproductive work behavior [J]. Human Performance, 2014, 27 (3): 262 - 281.

[133] Hussain A. The relationship between breach of psychological contract and workplace deviant behavior [J]. IUP Journal of Organizational Behavior, 2014, 13 (2): 25 - 37.

[134] Ilies R., Hauserman N., Schwochau S., Stibal J. Reported incidence rates of work - related sexual harassment in the united states: Using meta - analysis to explain reported rate disparities [J]. Personnel Psychology, 2003, 56 (3): 607 - 631.

[135] Inness M., Barling J., Turner N. Understanding supervisor - targeted aggression: A within - person, between - jobs design [J]. Journal of Applied Psychology, 2005, 90 (4): 731 - 739.

[136] Jelinek R., Ahearne M. Be careful what you look for: The effect of trait competitiveness and long hours on salesperson deviance and whether meaningfulness of work matters [J]. The Journal of Marketing Theory and Practice, 2010, 18 (4): 303 - 321.

[137] Jelinek R., Ahearne M. The enemy within: Examining salesperson deviance and its determinants [J]. Journal of Personal Selling & Sales Management, 2006, 26 (4): 327 - 344.

[138] Jensen J. M., Opland R. A., Ryan A. M. Psychological contracts and counterproductive work behaviors: Employee responses to transactional and relational breach [J]. Journal of Business and Psychology, 2009, 25 (4): 555 - 568.

[139] Jian Z., Kwan H. K., Qiu Q., Liu Z. Q., Yim F. H. - k. Abusive

supervision and frontline employees´service performance [J]. The Service Industries Journal, 2012, 32 (5): 683 –698.

[140] Johnson R. E., Venus M., Lanaj K., Mao C., Chang C. H. Leader identity as an antecedent of the frequency and consistency of transformational, consideration, and abusive leadership behaviors [J]. Journal of Applied Psychology, 2012, 97 (6): 1262 –1172.

[141] Judge T. A., Scott B. A., Ilies R. Hostility, job attitudes, and workplace deviance: Test of a multilevel model [J]. Journal of Applied Psychology, 2006, 91 (1): 126 –138.

[142] König C. J., Maloles C. M., Chia S. – L., Probst T. M., Reisel W. D. The effects of job insecurity on job satisfaction, organizational citizenship behavior, deviant behavior, and negative emotions of employees [J]. International Studies of Management and Organization, 2010, 40 (1): 74 –91.

[143] Kanfer R., Ackerman P. L. Individual differences in work motivation: Further explorations of a trait framework [J]. Applied Psychology, 2000, 49 (3): 470 –482.

[144] Kelley H. H., Stahelski A. J. Social interaction basis of cooperators' and competitors´beliefs about others [J]. Journal of Personality and Social Psychology, 1970, 16 (1): 66 –91.

[145] Kelloway E. K., Francis L., Prosser M., Cameron J. E. Counterproductive work behavior as protest [J]. Human Resource Management Review, 2010, 20 (1): 18 –25.

[146] Kelly J. R., Barsade S. G. Mood and emotions in small groups and work teams [J]. Organizational Behavior and Human Decision Processes, 2001, 86 (1): 99 –130.

[147] Khan A. K., Quratulain S., Crawshaw J. R. The mediating role of discrete emotions in the relationship between injustice and counterproductive work behaviors: A study in pakistan [J]. Journal of Business and Psychology, 2013, 28 (1): 49 –61.

[148] Kiewitz C., Restubog S. L. D., Zagenczyk T. J., Scott K. D., Garcia P. R. J. M., Tang R. L. Sins of the parents: Self – control as a buffer between supervisors' previous experience of family undermining and subordinates' perceptions of abusive supervision [J]. The Leadership Quarterly, 2012, 23 (5): 869 –882.

[149] Kim T. Y., Shapiro D. L. Retaliation against supervisory mistreatment:

Negative emotion, group membership, and cross – cultural difference [J] . International Journal of Conflict Management, 2008, 19 (4): 339 – 358.

[150] Kluemper D. H. , DeGroot T. , Choi S. Emotion management ability: Predicting task performance, citizenship, and deviance [J] . Journal of Management, 2011, 39 (4): 878 – 905.

[151] Lam H. , Weiss H. M. , Welch E. R. , Hulin C. L. A within – person approach to work behavior and performance: Concurrent and lagged citizenship – counterproductivity associations, and dynamic relationships with affect and overall job performance [J] . Academy of Management Journal, 2009, 52 (5): 1051 – 1066.

[152] Lavelle J. J. , Rupp D. E. , Brockner J. Taking a multifoci approach to the study of justice, social exchange, and citizenship behavior: The target similarity model [J] . Journal of Management, 2007, 33 (6): 841 – 866.

[153] Law K. S. , Zhou Y. On the relationship between implicit attitudes and counterproductive work behaviors [J] . Asia Pacific Journal of Management, 2013, 31 (2): 643 – 659.

[154] Lazarus R. S. Progress on a cognitive – motivational – relational theory of emotion [J] . American Psychologist, 1991, 46 (8): 819 – 834.

[155] Lee K. , Allen N. J. Organizational citizenship behavior and workplace deviance: The role of affect and cognitions [J] . Journal of Applied Psychology, 2002, 87 (1): 131 – 142.

[156] Lee K. , Ashton M. C. Psychometric properties of the hexaco personality inventory [J] . Multivariate Behavioral Research, 2004, 39 (2): 329 – 358.

[157] Lee S. , Yun S. , Srivastava A. Evidence for a curvilinear relationship between abusive supervision and creativity in south korea [J] . The Leadership Quarterly, 2013, 24 (5): 724 – 731.

[158] Lian H. , Brown D. J. , Ferris D. L. , Liang L. H. , Keeping L. M. , Morrison R. Abusive supervision and retaliation: A self – control framework [J] . Academy of Management Journal, 2014a, 57 (1): 116 – 139.

[159] Lian H. , Ferris D. L. , Brown D. J. Does power distance exacerbate or mitigate the effects of abusive supervision? It depends on the outcome [J] . Journal of Applied Psychology, 2012a, 97 (1): 107 – 123.

[160] Lian H. , Ferris D. L. , Morrison R. , Brown D. J. Blame it on the supervisor or the subordinate? Reciprocal relations between abusive supervision and organizational deviance [J] . Journal of Applied Psychology, 2014b, 99 (4): 651 –

664.

[161] Lian H. , Lance Ferris D. , Brown D. J. Does taking the good with the bad make things worse? How abusive supervision and leader – member exchange interact to impact need satisfaction and organizational deviance [J]. Organizational Behavior and Human Decision Processes, 2012b, 117 (1): 41 –52.

[162] Litzky B. E. , Eddleston K. A. , Kidder D. L. The good, the bad, and the misguided: How managers inadvertently encourage deviant behaviors [J]. Academy of Management Perspectives, 2006, 20 (1): 91 –103.

[163] Liu D. , Liao H. , Loi R. An investigation of the cascading impact of abusive supervision on creativity [J]. Academy of Management Proceedings Academy of Management, 2010 (1): 1 –6.

[164] Liu J. , Kwong Kwan H. , Wu L. –z. , Wu W. Abusive supervision and subordinate supervisor – directed deviance: The moderating role of traditional values and the mediating role of revenge cognitions [J]. Journal of Occupational and Organizational Psychology, 2010b, 83 (4): 835 –856.

[165] Liu N. –T. , Ding C. G. General ethical judgments, perceived organizational support, interactional justice, and workplace deviance [J]. The International Journal of Human Resource Management, 2012, 23 (13): 2712 –2735.

[166] Liu X. –Y. , Wang J. Abusive supervision and organizational citizenship behaviour: Is supervisor – subordinateguanxia mediator? [J]. The International Journal of Human Resource Management, 2013, 24 (7): 1471 –1489.

[167] Mackey J. D. , Frieder R. E. , Perrewé P. L. , Gallagher V. C. , Brymer R. A. Empowered employees as social deviants: The role of abusive supervision [J]. Journal of Business and Psychology, 2014, 30 (1): 149 –162.

[168] Mackinnon A. , Jorm A. F. , Christensen H. , Korten A. E. , Jacomb P. A. , Rodgers B. A short form of the positive and negative affect schedule: Evaluation of factorial validity and invariance across demographic variables in a community sample [J]. Personality and Individual Differences, 1999, 27 (3): 405 –416.

[169] MacKinnon D. P. , Warsi G. , Dwyer J. H. A simulation study of mediated effect measures [J]. Multivariate Behavioral Research, 1995, 30 (1): 41 –62.

[170] Marcus B. , Schuler H. Antecedents of counterproductive behavior at work: A general perspective [J]. Journal of Applied Psychology, 2004, 89 (4): 647 –660.

［171］MartIinko M. J. , Harvey P. , Sikora D. , Douglas S. C. Abusive super-vision： Perception or reality ［J］. Academy of Management Proceedings Academy of Management, 2009（1）: 1 – 7.

［172］Martin K. D. , Cullen J. B. Continuities and extensions of ethical climate theory： A meta – analytic review ［J］. Journal of Business Ethics, 2006, 69（2）: 175 – 194.

［173］Martinko M. J. , Gundlach M. J. , Douglas S. C. Toward an integrative theory of counterproductive workplace behavior： A causal reasoning perspective ［J］. International Journal of Selection and Assessment, 2002, 10（1 – 2）: 36 – 50.

［174］Mathieu J. E. , Taylor S. R. A framework for testing meso - mediational relationships in organizational behavior ［J］. Journal of Organizational Behavior, 2007, 28（2）: 141 – 172.

［175］Matta F. K. , Erol – Korkmaz H. T. , Johnson R. E. , Bi? aksiz P. Sig-nificant work events and counterproductive work behavior： The role of fairness, emo-tions, and emotion regulation ［J］. Journal of Organizational Behavior, 2014, 35（7）: 920 – 944.

［176］Matthijs Bal P. , Chiaburu D. S. , Jansen P. G. Psychological contract breach and work performance： Is social exchange a buffer or an intensifier? ［J］. Journal of Managerial Psychology, 2010, 25（3）: 252 – 273.

［177］Mawritz M. B. , Dust S. B. , Resick C. J. Hostile climate, abusive su-pervision, and employee coping： Does conscientiousness matter? ［J］. Journal of Ap-plied Psychology, 2014, 99（4）: 737 – 747.

［178］May D. R. , Gilson R. L. , Harter L. M. The psychological conditions of meaningfulness, safety and availability and the engagement of the human spirit at work ［J］. Journal of Occupational and Organizational Psychology, 2004, 77（1）: 11 – 37.

［179］McColl – Kennedy, R J. , D R. , Anderson. Impact of leadership style and emotions on subordinate performance ［J］. Leadership Quarterly, 2002, 13（5）: 545 – 559.

［180］McColl – Kennedy J. R. , Anderson R. D. Impact of leadership style and emotions on subordinate performance ［J］. The Leadership Quarterly, 2002, 13（5）: 545 – 559.

［181］McCrae R. R. , Paul T C. J. Personality trait structure as a human uni-versal ［J］. American Psychologist, 1997, 52（5）: 509 – 516.

[182] Meglich P. A. , Eesley D. T. A "bully" in its own china shop: Risk factors for abusive supervision in small firms [J] . International Journal of Business and Social Science, 2011, 2 (19): 11 – 22.

[183] Miner A. , Glomb T. , Hulin C. Experience sampling mood and its correlates at work [J] . Journal of Occupational and Organizational Psychology, 2005, 78 (2): 171 – 193.

[184] Mishra A. K. , Spreitzer G. M. Explaining how survivors respond to downsizing: The roles of trust, empowerment, justice, and work redesign [J] . Academy of Management Review, 1998, 23 (3): 567 – 588.

[185] Mitchell M. S. , Ambrose M. L. Abusive supervision and workplace deviance and the moderating effects of negative reciprocity beliefs [J] . Journal of Applied Psychology, 2007, 92 (4): 1159 – 1168.

[186] Mitchell M. S. , Ambrose M. L. Employees' behavioral reactions to supervisor aggression: An examination of individual and situational factors [J] . Journal of Applied Psychology, 2012a, 97 (6): 1148 – 1170.

[187] Mitchell M. S. , Ambrose M. L. Employees' behavioral reactions to supervisor aggression: An examination of individual and situational factors [J] . Journal of Applied Psychology, 2012b, 97 (6): 1148.

[188] Molm L. D. The structure and use of power: A comparison of reward and punishment power [J] . Social Psychology Quarterly, 1988, 51 (2): 108 – 122.

[189] Morrison E. W. Employee voice and silence [J] . Annual Review of Organizational Psychology and Organizational Behavior, 2014, 1 (1): 173 – 197.

[190] Mount M. , Ilies R. , Johnson E. Relationship of personality traits and counterproductive work behaviors: The mediating effects of job satisfaction [J] . Personnel Psychology, 2006, 59 (3): 591 – 622.

[191] Muncy J. A. , Vitell S. J. Consumer ethics: An investigation of the ethical beliefs of the final consumer [J] . Journal of Business Research, 1992, 24 (4): 297 – 311.

[192] Muraven M. , Tice D. M. , Baumeister R. F. Self – control as a limited resource: Regulatory depletion patterns [J] . Journal of Personality and Social Psychology, 1998, 74 (3): 774 – 789.

[193] Nandkeolyar A. K. , Shaffer J. A. , Li A. , Ekkirala S. , Bagger J. Surviving an abusive supervisor: The joint roles of conscientiousness and coping strategies [J] . Journal of Applied Psychology, 2014, 99 (1): 138 – 150.

[194] Nasurdin A. M. , Ahmad N. H. , Razalli A. A. Politics, justice, stress, and deviant behaviour in organizations: An empirical analysis [J] . International Journal of Business and Society, 2014, 15 (2): 235 –254.

[195] Neves P. Taking it out on survivors: Submissive employees, downsizing, and abusive supervision [J] . Journal of Occupational and Organizational Psychology, 2014, 87 (3): 507 –534.

[196] Neves P. , Champion S. Core self – evaluations and workplace deviance: The role of resources and self – regulation [J] . European Management Journal, 2015, 33 (5): 381 –391.

[197] Ogunfowora B. O. The consequences of ethical leadership: Comparisons with transformational leadership and abusive supervision [M] . University of Calgary, Department of Psychology, 2010.

[198] Oh I. – S. , Lee K. , Ashton M. C. , DeVries R. E. Are dishonest extraverts more harmful than dishonest introverts? The interaction effects of honesty – humility and extraversion in predicting workplace deviance [J] . Applied Psychology, 2011, 60 (3): 496 –516.

[199] Ohly S. , Sonnentag S. , Niessen C. , Zapf D. Diary studies in organizational research [J] . Journal of Personnel Psychology, 2010, 9 (2): 79 –93.

[200] Organ D. W. , Lingl A. Personality, satisfaction, and organizational citizenship behavior [J] . Journal of Social Psychology, 1995, 135 (3): 339 –350.

[201] Ouyang K. , Lam W. , Wang W. Roles of gender and identification on abusive supervision and proactive behavior [J] . Asia Pacific Journal of Management, 2015, 32 (3): 671 –691.

[202] Paciello M. , Fida R. , Cerniglia L. , Tramontano C. , Cole E. High cost helping scenario: The role of empathy, prosocial reasoning and moral disengagement on helping behavior [J] . Personality and Individual Differences, 2013, 55 (1): 3 –7.

[203] Peterson D. K. Deviant workplace behavior and the organization's ethical climate [J] . Journal of Business and Psychology, 2002, 17 (1): 47 –61.

[204] Pinder C. C. , Harlos K. P. Employee silence: Quiescence and acquiescence as responses to perceived injustice [J] . Research in Personnel and Human Resources Management, 2001 (20): 331 –370.

[205] Plutchik R. The psychology and biology of emotion [M] . HarperCollins College Publishers, 1994.

[206] Priesemuth M. Stand up and speak up: Employees' prosocial reactions to

observed abusive supervision [J]. Business & Society, 2013, 52 (4): 649 –665.

[207] Restubog S. L. D., Scott K. L., Zagenczyk T. J. When distress hits home: The role of contextual factors and psychological distress in predicting employees' responses to abusive supervision [J]. Journal of Applied Psychology, 2011, 96 (4): 713 –729.

[208] Robinson S. L. Dysfunctional workplace behavior [M]. In: Barling J. L., Cooper C. L., editors. Handbook of organization behavior, Cromwell Press, 2008.

[209] Robinson S. L., Bennett R. J. A typology of deviant workplace behaviors: A multidimensional scaling study [J]. Academy of Management Journal, 1995, 38 (2): 555 –572.

[210] Rotundo M., Xie J. L. Understanding the domain of counterproductive work behaviour in china [J]. The International Journal of Human Resource Management, 2008, 19 (5): 856 –877.

[211] Saavedra R., Kwun S. K. Affective states in job characteristics theory [J]. Journal of Organizational Behavior, 2000, 21 (2): 131 –146.

[212] Sackett P. R. The structure of counterproductive work behaviors: Dimensionality and relationships with facets of job performance [J]. International Journal of Selection and Assessment, 2002, 10 (12): 5 –11.

[213] Samnani A. –K., Salamon S. D., Singh P. Negative affect and counterproductive workplace behavior: The moderating role of moral disengagement and gender [J]. Journal of Business Ethics, 2013, 119 (2): 235 –244.

[214] Schat A., Desmarais S., Kelloway E. Exposure to workplace aggression from multiple sources: Validation of a measure and test of a model [D]. McMaster University, 2006.

[215] Scherbaum C. A., Ferreter J. M. Estimating statistical power and required sample sizes for organizational research using multilevel modeling [J]. Organizational Research Methods, 2009, 12 (2): 347 –367.

[216] Schminke M., Ambrose M. L., Miles J. A. The impact of gender and setting on perceptions of others' ethics [J]. Sex Roles, 2003, 48 (7 –8): 361 –375.

[217] Scott B. A., Barnes C. M. A multilevel field investigation of emotional labor, affect, work withdrawal, and gender [J]. Academy of Management Journal, 2011, 54 (1): 116 –136.

[218] Scott W. E. Activation theory and task design [J]. Organizational Behavior and Human Performance, 1966, 1 (1): 3 –30.

[219] Shantz A., Alfes K., Truss C., Soane E. The role of employee engagement in the relationship between job design and task performance, citizenship and deviant behaviours [J]. The International Journal of Human Resource Management, 2013, 24 (13): 2608 –2627.

[220] Shao R., Skarlicki D. P. Service employees' reactions to mistreatment by customers: A comparison between north america and east asia [J]. Personnel Psychology, 2014, 67 (1): 23 –59.

[221] Shaver P., Schwartz J., Kirson D., O' connor C. Emotion knowledge: Further exploration of a prototype approach [J]. Journal of Personality and Social Psychology, 1987, 52 (6): 1061 –1086.

[222] Shoss M. K., Eisenberger R., Restubog S. L. D., Zagenczyk T. J. Blaming the organization for abusive supervision: The roles of perceived organizational support and supervisor's organizational embodiment [J]. Journal of Applied Psychology, 2013, 98 (1): 158 –168.

[223] Siebert – Adzic M. Emotions and leadership. Reasons and impact of emotions in organizational context [J]. Work & Stress, 2012, 41 (1): 5671 –5673.

[224] Simha A., Cullen J. B. Ethical climates and their effects on organizational outcomes: Implications from the past and prophecies for the future [J]. Academy of Management Perspectives, 2012, 26 (4): 20 –34.

[225] Skarlicki D. P., Folger R. Retaliation in the workplace: The roles of distributive, procedural, and interactional justice [J]. Journal of applied Psychology, 1997, 82 (3): 434 –443.

[226] Skarlicki D. P., Jaarsveld D. D. v., Shao R., Song Y. H., Wang M. Supplemental material for extending the multifoci perspective: The role of supervisor justice and moral identity in the relationship between customer justice and customer – directed sabotage [J]. Journal of Applied Psychology, 2016, 101 (1): 108 –121.

[227] Skarlicki D. P., Van Jaarsveld D. D., Walker D. D. Getting even for customer mistreatment: The role of moral identity in the relationship between customer interpersonal injustice and employee sabotage [J]. Journal of Applied Psychology, 2008, 93 (6): 1335 –1347.

[228] Skinner E. A., Edge K., Altman J., Sherwood H. Searching for the structure of coping: A review and critique of category systems for classifying ways of

coping [J] . Psychological Bulletin, 2003, 129 (2): 216 - 269.

[229] Smith C. A. , Pope L. K. Appraisal and emotion: The interactional contributions of dispositional and situational factors [M] . In: Clark M. S. , (Eds.) . Emotion and social behavior review of personality and social psychology, Sage Publications, 1992.

[230] Smoktunowicz E. , Baka L. , Cieslak R. , Nichols C. F. , Benight C. C. , Luszczynska A. Explaining counterproductive work behaviors among police officers: The indirect effects of job demands are mediated by job burnout and moderated by job control and social support [J] . Human Performance, 2015, 28 (4): 332 - 350.

[231] Spector P. E. The relationship of personality to counterproductive work behavior (cwb): An integration of perspectives [J] . Human Resource Management Review, 2011, 21 (4): 342 - 352.

[232] Spector P. E. , Fox S. An emotion - centered model of voluntary work behavior: Some parallels between counterproductive work behavior and organizational citizenship behavior [J] . Human Resource Management Review, 2002, 12 (2): 269 - 292.

[233] Spector P. E. , Fox S. , Penney L. M. , Bruursema K. , Goh A. , Kessler S. The dimensionality of counterproductivity: Are all counterproductive behaviors created equal? [J] . Journal of Vocational Behavior, 2006, 68 (3): 446 - 460.

[234] Spector P. E. , Zhou Z. E. The moderating role of gender in relationships of stressors and personality with counterproductive work behavior [J] . Journal of Business and Psychology, 2014, 29 (4): 669 - 681.

[235] Sulea C. , Fine S. , Fischmann G. , Sava F. A. , Dumitru C. Abusive supervision and counterproductive work behaviors [J] . Journal of Personnel Psychology, 2013, 12 (4): 196 - 200.

[236] Swimberghe K. , Jones R. P. , Darrat M. Deviant behavior in retail, when sales associates "go bad"! Examining the relationship between the work - family interface, job stress, and salesperson deviance [J] . Journal of Retailing and Consumer Services, 2014, 21 (4): 424 - 431.

[237] Sy T. , Côté S. , Saavedra R. The contagious leader: Impact of the leader's mood on the mood of group members, group affective tone, and group·processes [J] . Journal of Applied Psychology, 2005, 90 (2): 295 - 305.

[238] Tangney J. P. Recent advances in the empirical study of shame and guilt [J]. The American Behavioral Scientist, 1995, 38 (8): 1132 – 1145.

[239] Taylor S. E. Asymmetrical effects of positive and negative events: The mobilization – minimization hypothesis [J]. Psychological Bulletin, 1991, 110 (1): 67 – 85.

[240] Tepper B. J. Abusive supervision in work organizations: Review, synthesis, and research agenda [J]. Journal of Management, 2007, 33 (3): 261 – 289.

[241] Tepper B. J. Consequences of abusive supervision [J]. Academy of Management Journal, 2000, 43 (2): 178 – 190.

[242] Tepper B. J., Duffy M. K., Henle C. A., Lambert L. S. Procedural injustice, victim precipitation, and abusive supervision [J]. Personnel Psychology, 2006, 59 (1): 101 – 123.

[243] Tepper B. J., Duffy M. K., Shaw J. D. Personality moderators of the relationship between abusive supervision and subordinates' resistance [J]. Journal of Applied Psychology, 2001, 86 (5): 974 – 983.

[244] Tepper B. J., Henle C. A., Lambert L. S., Giacalone R. A., Duffy M. K. Abusive supervision and subordinates' organization deviance [J]. Journal of Applied Psychology, 2008, 93 (4): 721 – 732.

[245] Tepper B. J., Moss S. E., Duffy M. K. Predictors of abusive supervision: Supervisor perceptions of deep – level dissimilarity, relationship conflict, and subordinate performance [J]. Academy of Management Journal, 2011, 54 (2): 279 – 294.

[246] Tepper B. J., Moss S. E., Lockhart D. E., Carr J. C. Abusive supervision, upward maintenance communication, and subordinates' psychological distress [J]. Academy of Management Journal, 2007, 50 (5): 1169 – 1180.

[247] Thau S., Bennett R. J., Mitchell M. S., Marrs M. B. How management style moderates the relationship between abusive supervision and workplace deviance: An uncertainty management theory perspective [J]. Organizational Behavior and Human Decision Processes, 2009, 108 (1): 79 – 92.

[248] Torrubia R., Avila C., Moltó J., Caseras X. The sensitivity to punishment and sensitivity to reward questionnaire (spsrq) as a measure of gray's anxiety and impulsivity dimensions [J]. Personality and Individual Differences, 2001, 31 (6): 837 – 862.

[249] Tsai W. – C., Chen H. – W., Cheng J. – W. Employee positive moods

as a mediator linking transformational leadership and employee work outcomes [J] . The International Journal of Human Resource Management, 2009, 20 (1): 206 – 219.

[250] Turnley W. H. , Bolino M. C. , Lester S. W. , Bloodgood J. M. The effects of psychological contract breach on union commitment [J] . Journal of Occupational and Organizational Psychology, 2004, 77 (3): 421 – 428.

[251] Van Gils S. , Van Quaquebeke N. , van Knippenberg D. , van Dijke M. , De Cremer D. Ethical leadership and follower organizational deviance: The moderating role of follower moral attentiveness [J] . The Leadership Quarterly, 2015, 26 (2): 190 – 203.

[252] Vardaman J. M. , Gondo M. B. , Allen D. G. Ethical climate and pro – social rule breaking in the workplace [J] . Human Resource Management Review, 2014, 24 (1): 108 – 118.

[253] Vecchio R. P. Negative emotion in the workplace: Employee jealousy and envy [J] . International Journal of Stress Management, 2000, 7 (3): 161 – 179.

[254] Victor B. , Cullen J. B. The organizational bases of ethical work climates [J] . Administrative Science Quarterly, 1988, 33 (1): 101 – 125.

[255] Vigoda – gadot E. Compulsory citizenship behavior: Theorizing some dark sides of the good soldier syndrome in organizations [J] . Journal for the Theory of Social Behaviour, 2006, 36 (1): 77 – 93.

[256] Walsh G. Extra – and intra – organizational drivers of workplace deviance [J] . The Service Industries Journal, 2014, 34 (14): 1134 – 1153.

[257] Walter F. , Lam C. K. , van der Vegt G. S. , Huang X. , Miao Q. Abusive supervision and subordinate performance: Instrumentality considerations in the emergence and consequences of abusive supervision [J] . Journal of Applied Psychology, 2015, 100 (4): 1056 – 1072.

[258] Wang M. , Liao H. , Zhan Y. , Shi J. Daily customer mistreatment and employee sabotage against customers: Examining emotion and resource perspectives [J] . Academy of Management Journal, 2011, 54 (2): 312 – 334.

[259] Wang R. , Jiang J. How abusive supervisors influence employees' voice and silence: The effects of interactional justice and organizational attribution [J] . Journal of Social Psychology, 2015, 155 (3): 204 – 220.

[260] Wang R. , Jiang J. How do narcissistic employees respond to abusive supervision: Two roles of narcissism in decreasing perception and increasing deviance

[J]．Psychological Reports：Employment Psychology & Marketing, 2014, 115 (2)：1 - 9.

[261] Wang W．, Mao J．, Wu W．, Liu J. Abusive supervision and workplace deviance：The mediating role of interactional justice and the moderating role of power distance [J]．Asia Pacific Journal of Human Resources, 2012, 50 (1)：43 - 60.

[262] Wang Y. D．, Hsieh H. H. Organizational ethical climate, perceived organizational support, and employee silence：A cross - level investigation [J]．Human Relations, 2012, 66 (6)：783 - 802.

[263] Watson D．, Clark L. A．, Carey G. Positive and negative affectivity and their relation to anxiety and depressive disorders [J]．Journal of Abnormal Psychology, 1988a, 97 (3)：346 - 353.

[264] Watson D．, Clark L. A．, Tellegen A. Development and validation of brief measures of positive and negative affect：The panas scales [J]．Journal of Personality and Social Psychology, 1988b, 54 (6)：1063 - 1070.

[265] Wei F．, Si S. Psychological contract breach, negative reciprocity, and abusive supervision：The mediated effect of organizational identification. [J]．Management and Organization Review, 2013a, 9 (3)：541 - 561.

[266] Wei F．, Si S. Tit for tat? Abusive supervision and counterproductive work behaviors：The moderating effects of locus of control and perceived mobility [J]．Asia Pacific Journal of Management, 2013b, 30 (1)：281 - 296.

[267] Weiss H. M．, Cropanzano R. Affective events theory：A theoretical discussion of the structure, causes and consequences of affective experiences at work [J]．Research in Organizational Behavior：An Annual Series of Analytical Essays and Critical Reviews, 1996 (18)：1 - 74.

[268] Wheeler A. R．, Halbesleben J. R. B．, Whitman M. V. The interactive effects of abusive supervision and entitlement on emotional exhaustion and co - worker abuse [J]．Journal of Occupational and Organizational Psychology, 2013, 86 (4)：477 - 496.

[269] Whitman M. V．, Halbesleben J. R. B．, Shanine K. K. Psychological entitlement and abusive supervision [J]．Health Care Management Review, 2013, 38 (3)：248 - 257.

[270] Wright R. A．, Brehm S. S. Reactance as impression management：A critical review [J]．Journal of Personality and Social Psychology, 1982, 42 (4)：608 - 618.

［271］Wu M. Z. , Fu X. B. , Sun X. L. , Liu Y. S. Moral identity as a moderator of the effects of organizational injustice on counterproductive work behavior among chinese public servants ［J］. Public Personnel Management, 2014, 43 (3): 314 – 324.

［272］Wu T. – Y. , Hu C. Abusive supervision and subordinate emotional labor: The moderating role of openness personality ［J］. Journal of Applied Social Psychology, 2013, 43 (5): 956 – 970.

［273］Wulani F. , Purwanto B. M. , Handoko H. Abusive supervision scale development in indonesia ［J］. Gadjah Mada International Journal of Business, 2014, 16 (1): 55 – 68.

［274］Yagil D. , Ben – Zur H. , Tamir I. Do employees cope effectively with abusive supervision at work? An exploratory study ［J］. International Journal of Stress Management, 2011, 18 (1): 5 – 23.

［275］Yang J. , Diefendorff J. M. The relations of daily counterproductive workplace behavior with emotions, situational antecedents, and personality moderators: A diary study in hong kong ［J］. Personnel Psychology, 2009, 62 (2): 259 – 295.

［276］Yi Y. , Gong T. The effects of customer justice perception and affect on customer citizenship behavior and customer dysfunctional behavior ［J］. Industrial Marketing Management, 2008, 37 (7): 767 – 783.

［277］Yoo J. , Frankwick G. L. Exploring the impact of social undermining on salesperson deviance: An integrated model ［J］. Journal of Personal Selling and Sales Management, 2013, 33 (1): 79 – 90.

［278］Zellars K. L. , Tepper B. J. , Duffy M. K. Abusive supervision and subordinates' organizational citizenship behavior ［J］. Journal of Applied Psychology, 2002, 87 (6): 1068 – 1076.

［279］Zhang H. , Kwan H. K. , Zhang X. , Wu L. Z. High core self – evaluators maintain creativity: A motivational model of abusive supervision ［J］. Journal of Management, 2012, 40 (4): 1151 – 1174.

［280］Zhang Z. , Zyphur M. J. , Preacher K. J. Testing multilevel mediation using hierarchical linear models problems and solutions ［J］. Organizational Research Methods, 2009, 12 (4): 695 – 719.

［281］Zhao H. , Peng Z. , Han Y. , Sheard G. , Hudson A. Psychological mechanism linking abusive supervision and compulsory citizenship behavior: A moderated mediation study ［J］. The Journal of Psychology, 2013, 147 (2): 177 – 195.

［282］Zribi H. , Soua? S. Deviant behaviors in response to organizational injustice: Mediator test for psychological contract breach—the case of tunisia ［J］. Journal of Business Studies Quarterly, 2013, 4（4）: 1 - 26.

［283］丁桂凤, 李新霞, 赵瑞. 服务反生产行为: 概念、测量与相关变量 ［J］. 心理科学进展, 2009, 17（2）: 426 - 431.

［284］风笑天. 社会学研究方法 ［M］. 北京: 中国人民大学出版社, 2009.

［285］龚洋冉, 陈昊. 员工道德观对工作场所中员工角色外行为的作用机制 ［J］. 技术经济, 2013, 32（10）: 112 - 120.

［286］黄丽, 陈维政. 滥权监管, 领导—部属交换对工作场所偏离行为的影响分析——兼论员工身份的调节作用 ［J］. 商业经济与管理, 2014, 268（2）: 40 - 48.

［287］廖卉, 庄瑷嘉. 多层次理论模型的建立及研究方法 ［A］.//陈晓萍, 徐淑英, 樊景立, Editors. 组织与管理研究的实证方法 ［M］. 北京: 北京大学出版社, 2012.

［288］林武平. 市场调查中问卷设计的几个基本原则 ［J］. 科技信息（学术版）, 2006（5）: 40 - 41.

［289］刘红云, 孟庆茂. 纵向数据分析方法 ［J］. 心理科学进展, 2003, 11（5）: 586 - 592.

［290］刘军. 管理研究方法原理与应用 ［M］. 北京: 中国人民大学出版社, 2008.

［291］刘文彬, 井润田. 组织文化影响员工反生产行为的实证研究——基于组织伦理气氛的视角 ［J］. 中国软科学, 2010（9）: 118 - 139.

［292］刘文彬, 井润田, 李贵卿, 唐杰. 员工"大五"人格特质, 组织伦理气氛与反生产行为: 一项跨层次检验 ［J］. 管理评论, 2014, 26（11）: 141 - 151.

［293］刘雯雯. 维汉中学生内疚、自尊对欺负行为的影响及干预研究［D］. 西北师范大学, 2012.

［294］罗胜强, 姜嬿. 管理学问卷调查研究方法 ［M］. 重庆: 重庆大学出版社, 2014.

［295］王宇清, 龙立荣, 周浩. 消极情绪在程序和互动不公正感与员工偏离行为间的中介作用: 传统性的调节机制 ［J］. 心理学报, 2012, 44（12）: 1663 - 1676.

［296］吴红梅. 西方组织伦理氛围研究探析 ［J］. 外国经济与管理, 2005, 27（9）: 32 - 39.

［297］吴明隆. 结构方程模型——AMOS 的操作与应用［M］. 重庆：重庆大学出版社，2010.

［298］吴增基，吴鹏森，苏振芳. 现代社会调查方法［M］. 上海：上海人民出版社，2009.

［299］严丹. 不当督导一定会导致员工沉默吗？——以领导成员交换作为调节变量的实证研究［J］. 财经论丛，2012，(6)：106－110.

［300］颜爱民，高莹. 不当督导对员工职场偏差行为的影响：组织认同的中介作用［J］. 首都经济贸易大学学报，2010 (6)：55－61.

［301］于静静，赵曙明，蒋守芬. 不当督导对员工组织承诺，职场偏差行为的作用机制研究：领导—成员交换关系的中介作用［J］. 经济与管理研究，2014 (3)：120－128.

［302］张雷，雷雳，郭伯良. 多层线性模型应用［M］. 北京：教育科学出版社，2003.